Kyrian Malone

Guide de survie

EN TERRITOIRE LESBIEN

(Un livre pour survivre au lesbianisme et
vivre pleinement son quotidien de
lesbienne)

~ Collection ST Éditions ~

Ce guide a été rédigé en janvier 2015

Table des matières

Présentation du Guide

Difficile d'obtenir des chiffres exacts et représentatifs du pourcentage de gays, lesbiennes, trans, bis ou queers en parcourant la toile. Les études faites à ce sujet sont très disparates d'une source à une autre. Quand les sondages sont réalisés par des entreprises, les chiffres varient de 1 à 4% de LGBT déclarés, quand d'autres études sont proposées par des magazines gays ou lesbiens, les statistiques grimpent jusqu'à 10 et 15%. Alors qui dit vrai ?

Quand on est LGBT, on trouverait beaucoup plus encourageant et motivant de penser que sur cent personnes qu'on croise chaque jour, au moins quinze d'entre elles sont LGBT. Mais est-ce réaliste ? Il faut dire ce qui est : Il est facile de faire dire aux chiffres ce qu'on veut selon les intérêts sociaux ou politiques du moment. Dans la vraie vie, tous les LGBT ne sont pas forcément sortis du placard, certains n'ont pas du tout envie de parler ouvertement de leur sexualité, puis il faut tenir compte des contraintes sociales, politiques et religieuses d'un pays à un autre.

Mais revenons-en à nos moutonnes, soyons optimistes et partons du principe qu'en moyenne, 10% de la population mondiale est lesbienne ! Sur 7 milliards d'êtres humains, sur 3.5 milliards de femmes, 350 millions d'entre elles sont lesbiennes.

Un chiffre qui laisse rêveur, surtout si l'on est célibataire, qu'on se retrouve seule devant ces lignes en se demandant pourquoi on n'est pas dehors en train de courir le monde pour trouver l'élue de son cœur... Mais chaque chose en son temps !

Un guide de survie en territoire lesbien ?

Pourquoi ?

Ce petit livre, ou plutôt cet essai, vous présentera, de mon point de vue, subjectif, parfois sarcastique, caustique, parfois avec beaucoup de dérision ou d'autodérision, le monde lesbien tel que je le perçois, tel que je le ressens, tel que j'ai pu l'observer ces quinze dernières années, soit en le vivant de l'intérieur, soit avec du recul. Un monde lesbien qu'on aime ou qu'on déteste selon les moments de notre vie, de nos amitiés, de nos amours... Cet essai sera parfois sérieux, parfois à prendre au troisième degré et même au-delà. Il n'a pas pour objectif ou prétention d'éduquer quiconque sur le monde lesbien, le coming out, la vie à deux, le sexe ou la sociologie lesbienne. Il est un petit guide de la vie au quotidien, un recueil de vécus en tant que lesbiennes, un essai sur l'amour au féminin, une collecte de témoignages, d'avis, de conseils sur les relations amoureuses entre femmes, un regroupement de généralités, de constats faits au fil du temps, des voyages, des rencontres avec des personnes riches d'expériences et de belles valeurs morales et intellectuelles.

Malgré mes prévisions, la première édition de ce guide (parce qu'il y en aura d'autres) n'étaiera pas certains thèmes ou chapitres qui me semblent inadéquats à développer à l'heure où je vous écris. Qu'il s'agisse de PMA ou de Mariage, vous trouverez de nombreux sites spécialisés qui développent ces sujets en profondeurs, car tel n'est pas le but premier de ce guide et je suis incapable d'écrire sur ce que je ne connais pas ou n'expérimente pas, recherches à l'appui ou non. Il ne sera pas non plus question (dans cette édition du moins), d'un annuaire des bars, clubs, associations, regroupements, ni de culture LGBT. Une fois encore, de nombreux sites y consacrent des centaines de pages web et le faire dans cet essai ne serait qu'une redondance inutile à ce qu'on peut trouver via Google.

Pour en revenir à ce petit guide, qu'on le croie ou non, il y a bel et bien un territoire lesbien et dites-vous que le monde lesbien, quoi qu'on en dise, sera différent du monde gay ou hétéro. Chaque communauté a ses particularités, ses codes, ses règles. Dans le monde lesbien, la façon dont les émotions sont perçues, gérées, assimilées par la majorité des femmes, n'a rien à voir avec les émotions des gays ou des hétéros. Le monde lesbien est un concentré d'hormones au féminin avec ses avantages et ses inconvénients, parce que les femmes et les hommes n'ont pas les mêmes réflexions, les mêmes attributs psychologiques et émotionnels.

J'espère que ce petit guide vous inspirera, vous détendra, vous fera rire, vous réconfortera, vous fera sourire, ou vous aidera tout simplement à mieux appréhender votre vie en tant que fière membre de la communauté lesbienne du monde.

Vous pouvez me contacter via mon Facebook pour me faire part de vos avis, partager vos expériences. Ce guide sera probablement revu et augmenté au fil des années, alors n'hésitez pas à y ajouter votre grain de sel si vous souhaitez que nous y traitions de sujets, de thèmes, d'interrogations qui vous semblent indispensables pour le compléter.

Définitions

Qu'est-ce qu'une lesbienne ?

Et si nous commencions par dire ce qu'une lesbienne n'est pas ?

- Une lesbienne n'est pas une femme tatouée, percée, aux cheveux courts avec une chemise à carreaux et une démarche de camionneur,
- Une lesbienne n'est pas une femme qui a subi des traumatismes ou violences par des hommes dans son enfance ou son adolescence,

- Une lesbienne n'est pas une femme moche qui n'a jamais couché avec un homme,
- Une lesbienne n'est pas un objet sexuel destiné à satisfaire les fantasmes d'un couple hétérosexuel en manque de sensations fortes,
- Une lesbienne n'est pas une femme qui n'a pas couché avec le bon type.

Dans le monde réel, une lesbienne, c'est simplement une personne comme tout le monde, un être humain qui est attiré par les femmes exclusivement. Les lesbiennes, gouines, goudoux, et autres magnifiques créatures saphiques sont parmi nous, nombreuses, masculines, féminines, butch, androgynes, lipsticks, reconnaissables ou non, proches de vous ou totalement invisibles ! Elles peuvent être votre voisine, votre collègue de travail, votre copine de classe, votre meilleure amie, votre sœur, parfois votre mère. Cheveux courts, cheveux longs, percés, tatoués, sexy, élégante, sportive, décontractée, peu importe le métier qu'elles exercent, ce qu'elles portent, ce qu'elles dégagent, elles sont là, tout autour de nous et nombreuses revendiquent leurs droits, leur place dans une société qui, trop souvent, les met à l'écart.

Comment utiliser son gaydar ?

Même si on veut croire que 10% de la population mondiale est LGBT, rares sont celles et ceux qui pourront affirmer sans l'ombre d'un doute que sur cent personnes croisées pendant une journée banale, ils auront reconnu 10 LGBT. Je me prête parfois à ce petit jeu d'observation ou d'analyse pour passer le temps – surtout dans le métro – voulant croire en mon sixième sens ultra développé de lesbienne assumée, mais le fait est que hormis les femmes qui affichent clairement leurs couleurs, je suis, pour ma part, incapable de reconnaître une lesbienne au premier coup d'œil si celle-ci porte une jupe et reste féminine.

Le gaydar tu l'as ou tu ne l'as pas !

Chronique gracieusement transmise par Amel Nouge, chroniqueuse sur le blog "*Les lectures d'Amel*".

Le gaydar, c'est la faculté à reconnaitre l'orientation sexuelle d'une personne, ce qui finalement n'est pas toujours simple et ne garantit pas le résultat, mais votre intuition combinée aux signes, vous pouvez presque être sûre de vous à 98%, et si vous êtes comme ma femme dépourvue de toutes sensibilités à reconnaitre une lesbienne, il faudra seulement vous fier aux signes.

Eh oui, il y a des signes distinctifs de la lesbienne, certains sont plus décisifs que d'autres, mais de façon générale si vous vous demandez si cette fille qui vous attire est lesbienne, soyez attentive aux détails :

- Les ongles courts, ce n'est pas décisif comme signe, car toutes les femmes n'ont pas les ongles longs et certaines se les rongent, mais c'est un détail qui compte
- En été le port de la casquette et le design de la casquette, en effet si elle en porte une d'un club de NBA, vous avez toutes vos chances
- Les tatouages, notamment sur les bras
- Les piercings à l'arcade peuvent aussi cacher une petite goudou
- La démarche masculine est généralement significative
- La pilosité des sourcils, eh oui les lesbiennes sont rarement des adeptes de l'esthéticienne, mais rassurez-vous le rasoir est souvent leur accessoire favori

Si la femme qui vous fait rêver cumule tous ces détails, il se pourrait bien que vous puissiez tenter votre chance et si elle n'a aucun de ces signes eh bien comme le dirait Aminata c'est peut-être une hétérosexuelle amnésique, tentez toujours !

Comme il semble que j'ai oublié quelques "clichés" et comme vous avez été nombreux à le commenter, je l'enrichis de vos remarques :

Annulaire plus long que l'index aux deux mains de préférence,

- bague aux pouces,
- cheveux courts (de mon point de vue, pas toujours vrai),
- chemise à carreaux et jeans,
- peu ou pas de maquillage,
- le comportement, les regards,
- les sacs en bandoulière....

Là, pour celles qui sont dépourvues de gay radar...vous devriez désormais mieux vous en sortir pour repérer les lesbiennes de votre quartier ! Et pour éviter les polémiques inutiles, l'article est à prendre au second degré !

En bref, le gaydar, mythe ou réalité ? En avez-vous un ? Et si oui, comment l'utilisez-vous?

Ce que vous en pensez :

Yhzpoe F. : Je pense que ça existe, certains de mes amis l'auraient. Par contre moi j'ai un gaydar, mais aucun lesbiendar. Ce qui est c** puisque c'est de ce dernier dont j'aurais besoin !

Anne B. : Je pense que le gaydar n'est qu'une question de sens de l'analyse, ni plus ni moins. J'ai des amis hétéros qui reconnaissent des gays ou des lesbiennes en quelques coups d'œil. Je suis peut-être terre à terre, mais ça n'a rien à voir avec un sixième sens, il suffit d'être un peu psychologue pour reconnaître les gens qu'on a en face de nous.

Helene T. : Le regard, la posture, l'énergie qui tourbillonne. On le ressent. Il y a un petit "je ne sais quoi" qui se projette dans l'atmosphère, dans l'air.

Sylvie C. : Un regard, une posture, un sourire, une démarche, une main, la gestuelle est importante, je pense tout simplement que le langage corporel en dit long sur les gens en général, et donc leur attirance sexuelle se laisse deviner aussi tout comme certains traits de caractère. L'énergie aussi que peut dégager une personne, bref savoir regarder et observer permet, je pense, à toute personne de deviner l'autre... Donc le gaydar on peut l'appeler comme ça oui effectivement. Mais si on est dans un jour ou on n'est réceptif à rien ni personne, pas de gaydar pas de visibilité du langage corporel. L'observation est maître mot pour ma part.

Carole D. : Je l'ai et je me trompe rarement. Appelez ça intuition, sixième sens où je ne sais quoi d'autre, je ne saurais pas l'expliquer. En plus ça me fait trop rire, car avant ma femme j'étais hétéro et je ne faisais pas du tout attention aux gays et lesbiennes.

Laura M. : Le gaydar, je pense que c'est simplement une capacité d'observation, d'interprétation, d'empathie qu'on peut retrouver chez tout le monde. Plus tu es attentif à l'autre, plus tu es capable d'interpréter avec raison ses actions, regards, paroles, langages corporels. Puisque je suis lesbienne, effectivement lorsque je me balade dans la rue et que mon regard se pose sur une femme, je suis plus consciente des différentes sexualités. Et souvent lorsqu'on est hétéro on assume directement que la personne en face de soi est hétéro aussi. Du coup, une partie de moi analyse sans s'en rendre compte ; c'est naturel, l'Homme est un être qui a besoin d'être entouré alors je tente de repérer mes "semblables" dans la foule, automatiquement. Puisque c'est souvent réciproque, il suffit parfois d'un regard et d'un échange de sourire pour le sentir. Donc gaydar oui, on peut l'appeler comme ça et je pense que chacun a cette capacité en lui, bien que certains y soient plus ou moins sensibles et surtout, suivent plus ou moins leurs instincts. Si l'on réfléchit trop, il arrive souvent qu'on se trompe

Jessica L. : Je pense qu'en observant un peu, tout le monde peut se vanter de connaître les gens qui nous entourent certains sont plus facile à cerner que d'autres.

En résumé, reconnaître une lesbienne quand on sort des stéréotypes et autres clichés LGBT, n'est pas forcément chose aisée. Le gaydar serait simplement une intuition, un instinct, un feeling ou un ressenti perçu en observant une tierce personne.

Effectivement, une femme qui accrochera votre regard, vous détaillera avec plus d'insistance ou multipliera les sourires à votre attention, pourra éventuellement se trahir, mais cela n'est pas une vérité absolue à laquelle on peut se fier. Que faites-vous quand vous constatez qu'une personne vous regarde ? Vous la regardez en retour. Logique ! Et si elle réagit comme vous, elle vous regarde aussi. Sera-t-elle lesbienne pour autant ou simplement intriguée par le fait que vous la regardiez de façon insistante ? Vous vous demanderez probablement la même chose. Les regards répétés ne peuvent pas être un signe évident pour distinguer une lesbienne d'une hétéro. Par contre, ce que lesdits regards reflètent changera la donne. Accompagnés d'un sourire, d'une gestuelle, ils seront d'autant plus équivoques. Au-delà des signes évidents ou de certaines réactions naturelles, de nombreuses lesbiennes passent complètement incognito à ce qu'on appelle le fameux Gaydar. Combien de fois me suis-je retrouvée stupéfaite d'apprendre qu'unetelle ou unetelle était lesbienne ? (Et parfois même à l'inverse, d'être sûre qu'une femme était lesbienne alors qu'elle était hétéro!). De mon point de vue, cette histoire de gaydar, de signes, n'est pas fiable à cent pour cent, quand bien même nous avons un bon sens de l'observation, de la réflexion et de l'analyse du comportement, la sexualité d'une personne n'est pas figée dans son attitude pour la simple et bonne raison qu'en publique, la majorité des gens ne sont pas naturel et porte un masque social.

À travers les gestes d'une femme, sa façon de parler, de marcher, de se mouvoir, on peut éventuellement trouver des pistes sur ses tendances ou préférences sexuelles. Mais analyser c'est aussi faire preuve d'un sens pointu de la psychologie. Finalement, le gaydar ne serait-il pas simplement une capacité d'analyse ni plus ni moins ?

Sortir en territoire Lesbien

Comme nous en parlerons dans le chapitre dédié aux rencontres lesbiennes, il n'y a pas mille façons de voir des lesbiennes... si ce n'est, bien sûr, dans des bars lesbiens ou les soirées lesbiennes.

Si comme moi vous avez encore la chance de pouvoir vous promener ou aller prendre un verre en bonne compagnie dans ces antres saphiques, peut-être vous amuserez-vous, vous aussi, à observer les femmes qui vous entourent. Je ne développerai pas ici les caractères physiques tels que les butchs, les girly-girl ou les lipstick, vous trouverez ces définitions sur Internet... Non, ce dont j'ai le plus envie de parler, au troisième degré, ce sont des stéréotypes de la femme lesbienne en sortie, pour ne pas dire "en chasse". Car oui, une lesbienne célibataire, ça chasse !

La lesbienne en couple, un spécimen rare. Vous ne trouverez rien de ne plus ennuyant et ennuyeux qu'une lesbienne en couple qui ne fréquente que des hétéros ou des lesbiennes, elles aussi en couple. Vous n'en verrez presque jamais ou très peu. Une lesbienne en couple ne sort plus et n'a plus aucune vie sociale dans le milieu LGBT parce qu'elle sait, avec conviction et sagesse, qu'elle a intérêt à garder sa moitié bien au chaud, à l'abri des regards, si elle ne veut pas la perdre ou se la faire voler. La lesbienne en couple a compris le sens de l'adage "pour vivre heureuses, vivons cachées". Et elle a bien raison de le faire, car les lesbiennes célibataires désespérées (*voir le point suivant*) sont à l'affût du moindre gibier à chasser, y compris le gibier déjà marqué, c'est à dire, votre petite amie !

La lesbienne célibataire désespérée : Attention : les lesbiennes célibataires désespérées peuvent s'avérer dangereuses. Elles sont prêtes à tout pour trouver quelqu'un qui comblera le vide qu'elles ressentent depuis des années, voire depuis toujours, et le trouveront à tout prix, quitte à venir draguer, sous votre nez, votre petite amie que vous sortez une fois par an dans le bar qu'elle fréquente chaque week-end depuis ces quinze dernières années. Toutes les habituées du bar, y compris les barmaids, connaissent en personne les lesbiennes célibataires désespérées. Premières arrivées, dernières à partir, elles sont parfois plusieurs à se connaître intimement puisque très souvent, les lesbiennes célibataires désespérées sont sorties entre elles par manque de choix et abus d'alcool. Sans évoquer les aspects physiques qui les caractérisent et permettent de les reconnaître en raison d'une consommation élevée de boissons pleine de levures et de MacDo, les lesbiennes célibataires désespérées ne sont pas méchantes, mais quelque peu collantes. Une fois qu'elles vous ont mis le grappin dessus, elles ne vous lâchent plus. Ne jamais, ô grand jamais, accepter un verre de la part d'une lesbienne désespérée qui fera tout pour obtenir votre numéro de téléphone et votre adresse.

La lesbienne célibataire qui veut le rester : Ce spécimen se reconnaît par une prestance plus équivoque et un verbe plus maitrisé que la lesbienne classique. Assurée, elle sait s'exprimer, s'habiller, charmer – par son maintien et son humour – et n'aura aucune honte à venir vous voir avant d'aller parler à une autre si vous ne faites pas son affaire. La lesbienne célibataire qui veut le rester cherche un flirt ou un plan d'un soir. Elle aime entretenir le mystère, est à l'aise avec son environnement, souvent entourée de très nombreux amis. Elle parle, elle rit, elle attire l'attention et c'est justement le but premier de sa vie : qu'on l'admire, qu'on l'aime ! Dans une totale maîtrise d'elle-même, elle est consciente que de nombreux regards sont posés sur elle. Si vous sortez avec une lesbienne célibataire qui veut le rester, votre couple durera quelques minutes, quelques heures, quelques jours, quelques semaines. Elle aura même d'autres copines ou d'autres flirts en parallèle sans que vous le sachiez. N'attendez pas d'elle un soupçon de fidélité, de loyauté, même si ses attentions momentanées vous font croire le contraire. La lesbienne célibataire qui veut le rester aime la vie, les gens, mais surtout, elle s'aime elle-même et décidera de se mettre en couple quand elle aura trouvé une femme à son niveau, une femme qui la mérite suffisamment pour qu'elle s'oublie enfin pour une autre.

La lesbienne célibataire idéale, mais qui s'est perdue : Peut-être êtes-vous de celles-là ? Et rares sont celles qui s'égarent dans les bars lesbiens à moins d'y retrouver de bonnes copines. Saine dans son corps, dans sa tête, ce prototype de lesbienne a une vie parfaitement équilibrée : sport, nourriture bio, bibliothèque bien remplie, travailleuse, ambitieuse, le cœur sur la main, elle aura d'ailleurs tous les attributs de la petite amie idéale qui ne passe pas son temps à sortir et à songer au prochain week-end de beuverie entre copines. La lesbienne célibataire idéale est un spécimen presque unique et en voie d'extinction. Forcément, puisque la lesbienne célibataire idéale ne le reste pas longtemps : son statut passe de lesbienne célibataire idéale à "petite amie idéale" en un rien de temps ! Donc si vous en croisez une, vous avez tout intérêt à assurer pour qu'elle devienne votre petite amie. Ne lésinez pas sur les moyens pour la conquérir avant qu'une autre ne vous la « pique » sous votre nez !

La communauté lesbienne

On parle de communauté quand un groupe de gens ayant des attraits communs se réunissent pour partager ce qu'ils ont donc... en commun.

Si la plupart des grandes villes accueillent plusieurs communautés selon les origines géographiques ou religieuses de leurs membres, il en va de même pour les communautés LGBT. Mais peut-on parler de communauté lesbienne quand on voit qu'à travers le monde, les bars et lieux de rencontres dédiés aux lesbiennes ferment les uns après les autres ? Il faut dire ce qui est : les gays ont bien plus de place publique où se réunir que les lesbiennes. Combien existe-t-il de saunas, de bars, de clubs exclusivement lesbiens ? À ma connaissance, aucun dans la ville où j'habite.

Il faut se rendre à l'évidence : que ce soit dans les régions ou dans les grandes villes, en France, en Suisse, en Belgique ou au Québec, le milieu lesbien est en voie d'extinction. Pour seul exemple, prenons le Village gai situé sur la rue Sainte-Catherine à Montréal. Il est considéré comme le quartier LGBT le plus grand du monde et en l'espace de quelques années, les plus grands bars de femmes ont fermé leurs portes successivement. En cause ?

Des rumeurs circulent, évoquent des loyers mensuels exorbitants, des lesbiennes qui ne sortent pas assez pour permettre aux commerces de pérenniser leurs activités, un manque total d'implication de la part des lesbiennes de participer à la vie LGBT... et parfois, des gays qui monopolisent tout et refusent la mixité dans leurs bars.

Pour mieux comprendre ce qu'il se passe, une véritable étude mériterait d'être menée, pas seulement dans le Village gai de Montréal, mais aussi en Europe, où les lesbiennes se plaignent de ne plus avoir de lieux où se retrouver. Alors oui, des communautés lesbiennes existent à travers le monde, seul hic, trop peu d'infrastructures sont prévues pour les accueillir.

Dernier courant à la mode dans le monde lesbien : les événements privés organisés par des particuliers, des associations ou organismes lesbiens qui ont compris le besoin omniprésent des lesbiennes tandis que la demande est toujours croissante et les offres, de plus en plus inexistantes. Ces organismes louent des salles, des bars, prévoient dans les capitales de grandes soirées une à deux fois par mois, parfois à thème, selon les célébrations du moment. Ces soirées sont appréciées, accueillies avec enthousiasme par la plupart des lesbiennes qui n'ont, de toute façon, aucune autre alternative pour se retrouver autour d'un verre et passer une bonne soirée dans l'espoir de trouver l'âme sœur.

Mais à quand des cafés, des lieux de vie, de partages en journée, où les lesbiennes pourront se réunir pour déjeuner, lire, travailler, étudier, discuter simplement, sans qu'il soit nécessaire d'avoir une DJ au platine et de l'alcool qui coule à flots ?

Voici l'interview expresse et anonyme d'une lesbienne québécoise qui sort régulièrement dans le milieu lesbien depuis près de six ans :

KM : Déjà, merci de m'accorder de ton temps pour ce petit questionnaire qui me permettra d'y voir plus clair dans un milieu que je ne connais qu'en surface. **Pour commencer, comment décrirais-tu le milieu lesbien en trois mots ?**

LQ : Je dirais, amical, chaleureux et instable.

KM : Pourquoi ce choix ?

LQ : Amical, parce qu'à force de sortir on rencontre toujours les mêmes filles avec qui on finit par créer des liens, même si ces filles ne deviendront pas mes meilleures amies bien sûr. Chaleureux, parce que j'ai mes habitudes. Où je sors, je connais tout le monde, des barmaids au patron en passant par les clients avec qui j'adore discuter de la pluie et du beau temps. Quand je sors à ces places, j'ai le sentiment de me retrouver chez moi. Enfin, je le trouve instable parce qu'il est difficile de trouver dans le milieu des filles qui me plaisent et qui s'engagent. Tout le monde sort avec tout le monde, les amies deviennent des amantes, puis finalement des ex. et à nouveau des amies. C'est vraiment pas très saint.

KM : En effet, ce dernier point n'est pas très encourageant. **Et qu'est-ce que le milieu lesbien représente pour toi ?**

LQ : C'est un plus dans ma vie. Sans le milieu j'aurai de grandes difficultés à rencontrer des gens qui me ressemblent et ne me jugent pas.

KM : De ton point de vue, quel en est l'aspect le plus négatif ?

LQ : Je trouve que le milieu nous ghettoïse

complètement parce que nous n'avons pas le choix d'y adhérer. On est obligée d'aller boire un verre et même plusieurs pour rencontrer des gens, avoir un contact humain et physique, avoir une vie sociale. Le virtuel, non merci pour moi, alors le milieu devient étrangement le moyen le plus naturel pour rencontrer quelqu'un alors que ça n'a rien de très naturel quand j'y réfléchis. Le commun des mortels peut rencontrer un partenaire potentiel dans la vie de tous les jours, au travail par exemple, chez des amis, dans un café ou des lieux plus généreux. Qu'en tant que lesbienne, ce n'est pas si simple, c'est même tout l'inverse.

KM : Et l'aspect le plus positif ?

LQ : En dehors du côté chaleureux que j'ai cité plus haut, le milieu me permet de déconnecter avec ma vie, de me débrancher de mon quotidien, de mon travail, de ma famille. En bref, quand je sors, j'oublie mes soucis. Ça me met des illusions de bonheur dans mon cerveau jusqu'à ce que je trouve ce que je cherche. Et puis quand je sors, peu importe dans quel état j'arrive dans un bar ou un parté de lesbiennes, quand j'en repars, je me sens toujours mieux et j'ai le sourire.

KM : On parle d'aspects positifs, mais tu me parles d'une illusion de bonheur. L'illusion n'a rien de très positif, tu ne trouves pas ?

LQ : C'est vrai. En fait, je pourrai comparer ça au fait de rester chez soi et de regarder un bon film. Le temps que ça dure, on oublie nos petits tracas du quotidien, on se détend, on décroche, en ce sens, c'est positif !

KM : Ton plus grand regret dans le milieu ?

LQ : À force de le fréquenter, le milieu fait partie intégrante de ma vie, à tel point que ça a contaminé à plusieurs reprises ma perception d'une relation stable puisque je n'en trouve pas. La plupart des couples stables ne viennent pas dans le milieu donc l'image du couple lesbien est complètement erronée. On finit par croire que sortir 15 jours ou maximum trois mois avec une autre fille, c'est normal ! Et ça n'a rien de normal du tout.

KM : Ta plus grande joie ou tes meilleurs moments ?

LQ : J'en ai eu plusieurs. Quand j'étais amoureuse et que c'était réciproque, j'attendais ma petite amie à la terrasse d'un bar en sentant des papillons dans mon ventre. C'était euphorisant. Et autre chose qui n'a rien à voir : j'aime particulièrement m'investir dans les projets communautaires. C'est d'ailleurs un autre moyen de rencontrer des femmes qui ont d'autres centrés d'intérêt que les bars et la cruze[1].

KM : **Quelque chose à dénoncer ?**

LQ : Oui. Plus ça va, moins il y a de places pour les lesbiennes contrairement aux gays. J'ai l'impression que nous devons de plus en plus jouer des coudes pour exister en tant que femmes et asseoir notre place dans la communauté. Toutes les places stables, les endroits bien établis ouvrent et ferment constamment pour les filles. Il n'y a plus de lieu de rencontres pour nous dans le Village gai et le seul endroit où j'appréciais sortir s'est séparé de ses deux barmaids, dont l'une était la dernière à organiser des soirées pour filles dans le Village. Donc je suis terriblement déçue et désappointée et j'espère que les organismes lesbiens feront des démarches pour nous imposer dans ce quartier qui est

---

[1] Mot signifiant "drague" en québecois.

aussi le nôtre.

Et qu'en est-il quand on est une lesbienne de banlieue et qu'on ne vit pas dans une grande ville ? Malheureusement, rien n'est prévu pour ces femmes. Si elles n'ont ni voiture ni accès à des moyens de transport en commun, elles ne pourront pas se rendre à ces soirées sans une organisation préalable impliquant au moins la location d'une chambre d'hôtel si elles n'ont pas de pied à terre. Venir prendre une bière ou un café à un bar est d'une grande simplicité quand on habite en centre-ville. Prévoir entre trois quarts d'heure et une heure de transport pour se rendre à ces soirées est décourageant. Dernières solutions pour ces femmes pour briser leur solitude : <u>les sites de rencontre et les sites Internet</u>.

Lesbienne ou bisexuelle, un état en devenir ?

Il suffit de regarder dans notre environnement social, politique ou à travers les médias pour comprendre que les lesbiennes – ou les LGBT – n'ont jamais été aussi présentes dans le décor, et tant mieux. Être lesbienne ou bi deviendrait-il une mode ou les femmes profiteraient-elles du courant d'acceptation pour oser sortir du placard sombre dans lequel elles préféraient rester par peur de jugement ?

Mais surtout, qui sont ces femmes ? Devient-on lesbienne ou bi du jour au lendemain ?

Être lesbienne, est-ce spontané, est-ce acquis, inné, contagieux ? Se réveille-t-on un matin avec le besoin irrépressible de sentir les bras d'une femme nous enlacer ? Comment découvre-t-on qu'on est lesbienne ? Comment VOUS lectrices, l'avez-vous découvert ?

Voici vos réponses :

Véronique S : J'étais en secondaire 2 et j'avais français, anglais et mathématiques avec la même prof... Il y a avait une rencontre de parents et ce soir-là notre enseignante a cru bon nous présenter la nouvelle stagiaire qui serait avec nous pour les prochains mois. Quand je l'ai vue, un déclic s'est fait. Même si au départ je disais que je n'étais pas lesbienne et que ce n'était qu'elle qui me plaisait. Les choses ont changé assez vite. Cette année-là je dois avouer que je n'ai pas compris grand-chose en cours.

Karo Line : Pour ma part j'ai découvert ma bisexualité quand j'étais adolescente. L'une de mes meilleures amies était plus que très affectueuse, surtout quand je me séparais des garçons avec qui je sortais et que j'en rajoutais trois tonnes pour paraître effondrée pour qu'elle s'occupe de moi. Résultat, ses câlins de réconforts sont un jour devenus un peu plus et j'ai compris que j'aimais l'attention des filles en plus de celle des garçons.

Nancy B. : Je l'ai su à l'âge de 16 ans quand une jolie demoiselle m'a déclaré son amour et m'a embrassé. Pour la première fois, mon cœur voulait sortir de ma poitrine! Alors j'ai su à partir de ce moment !

Christelle C. : Je le sais depuis que j'ai 5 ou 6 ans. Je cherchais toujours à être en rang avec les filles de ma classe pour leur tenir la main.

Anne B. : Aussi loin que mes souvenirs remontent, j'ai toujours aimé les filles. À l'école je cherchais constamment leurs contacts, je ne jouais qu'avec des garçons, qu'à des jeux de garçons d'ailleurs, mais dès que je me sentais triste ou que je cherchais du réconfort, je partais illico vers les filles. Ces habitudes sont encore d'actualités maintenant que j'y pense lol.

Genevieve B. : J'ai toujours voulu voir des femmes toutes nues. Dans ce temps, il n'y avait pas Internet donc, ce n'était pas possible. Puis à 9 ans, c'est devenu une obsession ! Ce n'est que beaucoup plus tard que je me suis permis de vivre ces fantasmes et malheureusement, ça demeure toujours meilleur dans mes fantasmes étant donné que j'ai vécu ça trop longtemps. À mon jeune âge, c'était très mal vu. Tu pouvais perdre tes amies. Les gens étaient plus phobiques à propos des différences (racisme, homophobie, etc). Si je tombe amoureuse, fille ou gars, c'est sûr que j'y vais! Aujourd'hui je me sens parfaitement libre d'avoir l'orientation que je veux.

Laura M. : Aussi loin que mes souvenirs remontent, j'ai toujours été attirée par les femmes. Je tombais amoureuse de mes maîtresses de maternelle et primaire, je regardais avec attention les caissières... Il m'a fallu un certain temps avant de comprendre que l'homosexualité n'était pas normale - qu'il y avait d'ailleurs même un nom particulier pour les personnes étant attirées par celles du même sexe. Enfant je vivais ces attirances comme normales. Puis, une fois que j'ai eu un nom pour me définir, ça ne me paraissait pas sain. Pas d'être homosexuel. Mais d'être définie par ça. Donc, au final je n'ai pas découvert mon homosexualité. J'ai plutôt découvert l'homophobie. Il m'a fallu du temps pour me rendre compte que quelque chose de naturel pour moi ne l'était absolument pas pour les autres. Même en regardant dans un dico, on ne parle que d'attirance pour des personnes du même sexe. Pas d'amour. À 10 ans, c'est vague tout ça, ça effraie.

Lucile C. : Quand j'étais en 4e, il y avait cette fille qui avait 1 an de plus, qui était (et est encore) lesbienne. Quand je l'ai appris, ça ne m'a fait ni chaud ni froid, mais après quelque temps, ça m'a fait réfléchir et j'ai repensé à toutes ces filles et femmes qui me plaisaient un peu trop. Quand je l'ai dit à mes amies, elles m'ont juste répondu "oui bah on s'en doutait !" Voilà, pendant longtemps je m'intéressais toujours aux filles et puis j'ai rencontré mon homme et je suis restée avec... Mais je sais que si je devais changer, j'irais naturellement vers une femme.

Claire M. : Pour ma part, cela s'est fait sur plusieurs années. Les premières allusions ont eu lieu à la maternelle. J'avais l'habitude de jouer avec des garçons et quand ils me frappaient, j'allais me faire consoler pas une très jolie fille. Après ça, aux alentours de 7-8 ans, j'avais une institutrice très jolie qui était lesbienne et cela m'a marqué, comme une résonance en moi à l'époque. Je l'espionnais après la classe, jusqu'à me cacher dans le placard pour les regarder s'embrasser. J'étais trop jeune à l'époque pour assimiler ça à de l'homosexualité. J'ai refoulé ça jusqu'à l'adolescence où je suis tombée raide dingue d'une femme. Le genre qui avait 15 ans de plus que moi et qui était hyper bien foutu. C'était plus fort que moi, je reconnaissais même le son de ses pas quand elle marchait.

Elle a joué avec mes sentiments et pour me protéger j'ai enchaîné les conquêtes. Pour autant, il n'y avait que des femmes, car pour moi il n'y a rien de plus beau que le corps d'une femme.

Yhzpoe F. : Au primaire je matais ma meilleure amie et je profitais des jeux de "papa/maman" (excusez-moi pour l'hétérocentrisme de ce jeu, mais c'était le nom) pour embrasser des amies. Je me sentais sale parce que je savais que l'amour entre deux hommes était possible, mais je n'en savais rien concernant deux femmes... Puis en 6e j'ai vu un clip de t.A.t.U (All the things she said[2]) et j'ai compris que les lesbiennes existaient. Alors je me suis sentie rassurée et "normale", mais je n'ai rien dit à personne. Je disais être bisexuelle. Puis en 5e mon attirance est devenue de l'Amour, je suis tombée amoureuse d'une amie et là, j'ai plus ou moins compris qu'il n'y avait qu'avec les femmes que ça pouvait marcher. Cette idée m'effrayait alors je suis sortie avec plusieurs mecs pour me convaincre d'être bisexuelle. Après maintes et maintes expériences foireuses où je me forçais, je me suis rendue à l'évidence : je ne pouvais vraiment aimer que des femmes. Je m'en suis rendu compte en troisième. Puis j'ai fait mon coming-out et

[2] Voir le clip sur youtube

depuis tout va bien. Ceci dit, je pense qu'on devrait vraiment mettre plus de modèles gays, lesbiens et trans dans l'éducation comme dans la communication (pub, etc.) pour que les jeunes ne soient pas ignorants comme je l'ai été de l'existence des LGBTs. Cette ignorance fait qu'on se sent différent, anormale, voire même sale. Alors il faudrait vraiment banaliser les LGBT.

Sakina C. : Voilà exactement le genre de question que j'aime poser pour savoir les histoires des autres. Pour ma part, j'avais 18 ans, je n'avais jamais eu de petits copains, et je n'avais jamais songé aux filles, juste deux-trois jeux de gamins avec un ami d'enfance. Un jour, j'ai vu une fille que j'ai trouvée si magnifique que je me suis mise instantanément à penser que je voulais la mettre dans mon lit, j'ai été vraiment surprise de penser ça et c'est à partir de là que j'ai commencé à cogiter. Je me suis rendu compte que je pouvais trouver des hommes mignons, mais que je n'ai jamais été attiré sexuellement par eux, j'ai repensé à toute mon enfance et adolescence et j'ai réalisé que plus d'une fille m'avait déjà troublé. J'ai fini par me dire que c'était certain, j'aime les filles, mais est-ce que je n'aime pas du tout les garçons ? C'est comme cela que sans n'être jamais sortie avec quelqu'un j'ai continué à faire ma vie de lycéenne, j'ai fini par rencontrer un garçon avec qui je suis sortie, il était mignon, gentil, attentionné, drôle... enfin tout ce qui ressemble à un bon garçon, je l'aimais bien, pas amoureuse, mais j'avais une grande affection pour lui. Le problème, je ne me sentais pas attirée sexuellement et le jour où nous avons voulu passer à l'acte je n'ai pas pu, nous avons rompu peu après, car ça m'a fait prendre conscience qu'il manquait vraiment quelque chose avec un homme, qu'une femme juste en photo pouvait me donner envie. A 19 ans, j'ai rencontré une fille et là ça a été "magique", elle n'était pas parfaite, elle avait des formes, mais j'étais bien et surtout attirée sexuellement, le jour de notre première fois m'a vraiment confirmé que j'aimais les femmes. Voilà, il a juste fallu que je voie une fille qui me donne envie sexuellement pour bouleverser toute ma vie.

Arielle L. : Je l'ai découverte (mon homosexualité) en rêvant. En fait depuis très jeune, je rêvais déjà que j'embrassais des filles, je n'y ai pas plus prêté attention. Parce que dans les dessins animés et les Disney : les filles embrassent toujours des garçons. Alors je supposais que c'était ainsi. Et puis à l'aube de mes 17 ans, j'ai refait l'un de ces fameux rêves, mais celui-là était différent : je rencontrais cette fille chez un disquaire, dès que je l'ai vue, je l'ai aimée. Elle avait ce charme discret et cette beauté secrète. Elle était très cultivée et je buvais ses paroles. Dans mon rêve, elle sentait si bon. Pourtant son style vestimentaire incarnait tout ce que je détestais. Puis finalement, je suis allée chez elle et puis je nous revoie des mois plus tard dans un parc. Elle est assise sur un banc, je lève sa casquette et l'embrasse. Je me réveille. C'est à cet instant que j'ai su que j'étais lesbienne. Parce que je ne voulais pas me réveiller. J'ai tout fait pour me rendormir et retrouver cette magie.

Lilith M. : Honnêtement je ne sais pas trop quoi répondre, car j'ai toujours été comme ça...

Mélanie K. : Je suis restée presque 2 ans avec un homme puis sur un forum de discussion à propos du couple Samantha et Nathalie de Secret Story, j'ai rencontré ma première copine avec qui je suis restée 2 ans... Quand je l'ai "dit" à ma mère, elle m'a annoncé qu'elle le savait depuis longtemps (avant moi....), mais j'ai toujours été "garçon manqué», c'est sûrement pour ça!! Lol je n'aurais jamais cru dire ça, mais merci Secret Story!!! Mdr –

Fanny D. : Je l'ai su en tombant amoureuse à l'âge de 10 ans de la surveillante du collège dans lequel mon frère était... Dès que je l'ai vue, je n'ai plus pensé qu'à elle et je faisais exprès de faire faire des heures de retenues à mon frère pour pouvoir la voir l'apercevoir sentir son parfum et voir son sourire quand nous allions le chercher...

Au final, si nous étions capables de ne plus nous poser de questions, tout serait bien plus simple. Après tout, nous sommes au vingt-et-unième siècle, les pays occidentaux acceptent l'homosexualité comme une sexualité "normale" – même si elle n'est pas explicitement énoncée ou inculquée par l'Éducation nationale – alors, pourquoi chercher à comprendre comment on devient lesbienne ou pourquoi nous le sommes ? Ce genre d'interrogations et de remise en question sur notre moi profond est aussi inutile que de se demander un matin en nous réveillant pourquoi on aime le chocolat. On l'aime, c'est tout. Avec ou sans amandes, au lait, à la menthe ou 100% cacao. Le reste n'a pas grand intérêt. De savoir qu'il contient de la vitamine C et du calcium ne changera rien à notre intérêt pour le chocolat et il en va de même pour notre attirance pour les femmes. Aimons le chocolat ! Aimons les femmes ! Et cessons de nous culpabiliser d'aimer l'un ou l'autre parce que notre société n'est pas conçue dans l'intérêt de toutes et tous, mais de la majorité des 90% d'hétérosexuels qui font chaque pays.

Ce qu'il faut retenir :

1 - Certaines femmes se réveillent un matin avec le goût d'aimer une personne du même sexe, pas une sexualité, juste une personne en tant qu'individu unique dont elles sont tombées amoureuses. Et peu leur importe que l'individu soit une femme.

2 - Certaines femmes savent depuis qu'elles sont en âge de marcher, qu'elles préfèrent les filles aux garçons. Elles ne l'expliquent pas... Ces vérités font partie d'elles et elles ne cherchent pas à le comprendre.

3 - Certaines femmes aiment parfois les filles, parfois les garçons, puis à nouveau les filles... Les femmes bisexuelles sont nombreuses, souvent mal considérées par les lesbiennes d'ailleurs

4 - Plus étonnants encore, certains hommes se transforment en femme avec le souhait d'être lesbienne.

En conclusion, soyez, qui vous êtes, et soyez

fière de ce que vous êtes.

Ne cherchez pas à tuer la lesbienne qui est en vous, et ce, que vous soyez hétérosexuelle, bisexuelle ou cent pour cent lesbienne. Être attirée par une personne du même sexe n'est pas une tare, c'est la nature, qu'importe ce que vous entendrez des bien-pensants qui scandent que l'homosexualité est contre nature, rappelez-vous - ou rappelez-leur à l'occasion — qu'elle existe chez 450 espèces d'animaux... Ils vous diront : mais ce qui nous différencie des animaux, c'est que nous sommes des humains, donc plus intelligents avec de la morale. Ben pas sûr en fait ! Où commence et où finit la morale ? Quelle morale ? Y a-t-il une morale pour l'amour et les sentiments ou une grande hypocrisie de la société qui veut nous dire comment il faut aimer et qui l'on doit aimer ? Et la liberté dans tout ça ? Une remarque un brin hors sujet, mais une évidence si éloquente qu'on en oublie sa portée : avez-vous remarqué que l'Homme était la seule espèce qui battait son prochain et l'humilier ? De quoi faire réfléchir les hérosexistes sur les limites de l'amour et surtout le respect de l'autre.

On n'aime pas un "sexe" ou une sexualité, on aime une personne, une personnalité, un sourire, un regard, des qualités morales, une intelligence, une façon de parler, de penser, de se mouvoir, de s'habiller, de marcher... Plus encore, on aime un tout, une âme, un esprit, une connexion avec une personne et même si la notion du physique est importante de prime abord pour la majorité d'entre nous, l'attraction ultime, celle qui décide définitivement si une personne est faite pour nous ou non, se fonde sur la beauté intérieure et notre complémentarité avec l'être que nous avons choisi. En clair, tout se passe aussi entre les deux oreilles, c'est à dire, dans notre tête ! Nous connaissons toutes et tous de belles personnes, nanties de physique de rêve, de silhouette svelte, musclée, d'un visage angélique et d'un sourire à la dentition parfaite... des personnes que nous mettons sur un piédestal, face à qui nous perdons nos moyens, nos mots, notre paix intérieure, voire notre équilibre mental. Ces mêmes personnes que nous pouvons apprendre à connaître et que nous découvrirons peut-être égoïstes, égocentriques, psychorigides, futiles, inintéressantes, dépourvues de sens moral ou de valeurs simples. Ce ne sont pas vers ces femmes que nous irons au final, mais bel et bien vers celles qui sauront nous apporter paix, tranquillité et complémentarité.

Tout sur le coming-out

Le coming-out c'est quoi ?

Littéralement traduit au Canada comme "Sortir du placard", le coming-out est en quelques mots la clef de votre liberté. Si la définition est attribuée largement au monde LGBT comme le fait d'annoncer publiquement son homosexualité, ce terme désigne aussi toute démarche visant à révéler un trait de sa vie personnelle jusqu'alors tenu secret (religion, opinion politique, etc.) Bien sûr, ce qui nous intéresse précisément dans notre petit guide est bel et bien le coming-out lesbien puisque faire son coming-out quand on est lesbienne n'est pas, pour tout le monde, une promenade de santé.

Faire son coming-out, pourquoi ?

Question primordiale : pourquoi annoncer au monde que vous aimez les femmes ? Qui cela regarde-t-il ? L'orientation sexuelle d'un individu est de l'ordre du privé, n'est-ce pas ? Voit-on des hétéros annoncer à tout va qu'ils sont hétéros ? Existe-t-il une « hétérobride » ? Bien sûr que non ! Et pour cause, la société dans laquelle nous vivons est hétérocentriste ou hétéroformaliste. De l'éducation donnée par nos parents à celle de l'Éducation nationale en passant par la religion ou les programmes télé, il est clair que la norme implique l'évidence qu'un couple est composé d'un homme et d'une femme – voire même d'un homme et de plusieurs femmes selon la religion. Les gays ou les lesbiennes sont souvent relégués à un second plan ou encore à un quota obligatoire dans les programmes télévisuels. Du coup, difficile quand on est enfant ou adolescent de considérer que deux hommes ou deux femmes puissent former un couple surtout lorsqu'on se découvre une attirance irrépressible pour les filles ou les femmes. La vérité qui s'impose à nous quand nous comprenons "ce que" nous sommes nous isole subitement du reste du monde. On se dit que nos parents, nos amis, nos connaissances sont majoritairement hétéros et qu'on est lesbienne. Viennent d'autres questions : que vais-je devenir ? Y'a-t-il d'autres gens comme moi ? Dans notre for intérieur, notre intuition nous souffle que nous ne sommes pas seules, mais deux autres questions surgissent quand nous comprenons que nous aimons des femmes, des questions qui détermineront notre façon d'appréhender notre vie future :

1. Comment assumer/accepter que je suis lesbienne ?
2. Comment l'annoncer à mes proches ou comment faire son coming-out ?

La réponse à la seconde question sera déterminée par notre réaction à la première soulevant la nécessité d'acceptation de notre identité, car être homosexuelle est bel et bien une identité qui nous suivra jusqu'à la fin de nos jours.

Comment assumer d'être lesbienne ?

Aucune lesbienne ne se réveille un matin avec l'idée soudaine de faire son coming-out auprès de tous ses proches et amis. Après tous, un tas d'homophobes sont dans la nature et n'importe qui peut l'être.

Si faire son coming out est une étape importante dans la vie d'une lesbienne (ce chapitre est traité plus loin) avant de faire son coming out, encore faut-il pleinement assumer soi-même d'aimer les femmes, ce qui n'est pas évident pour tout le monde ! D'ailleurs, ce livre peut vous avoir été offert par votre meilleure amie ou un de vos proches à qui vous avez confessé certaines choses que vous jugez "indélicates" vous concernant, dans le but de vous aider à vous sentir plus relax à l'idée d'aimer les femmes.

Rares sont celles qui se sont réveillées un matin en acceptant leur sexualité. Le réflexe premier de la majorité des LGBT est de refuser l'évidence, de se mentir à soi-même, de contrecarrer sa véritable nature au détriment de son bonheur, de son bien-être. Et c'est une réaction normale. L'être humain est un être social et sociable. De par leur nature, hommes et femmes ont besoin de s'entourer de personnes semblables à eux. Ce n'est pas pour rien que dans certaines grandes villes on trouve des quartiers chinois, italien, irlandais, etc., et par extension, des quartiers gays. Nous réunir avec des personnes ayant la même culture, la même langue, les mêmes attraits est naturel parce qu'on se sent toujours plus à son aise au milieu de gens qui nous ressemblent et nous comprennent. Quand nous réalisons que nous ne sommes pas seuls, nous pouvons plus facilement accepter notre identité. C'est quand nous comprenons qu'il n'y a pas qu'une normalité, comme celle enseignée par les structures familiales, religieuses ou gouvernementales, quand nous saisissons qu'il n'y a pas de modèle unique que nous avons la sensation de voir la lumière au bout du tunnel !

Les dernières générations – notamment nées entre 1970 et 1980 – ont eu la chance de grandir avec les nouvelles technologies. Minitel, Internet bas et haut débit, fibre optique, téléphone connecté, autant de portes ouvertes sur le monde et l'information au service de personnes isolées cherchant des réponses simples à des problèmes complexes et difficiles à vivre.

Il est évident que l'émergence du Net a sauvé des millions d'homosexuelles de la solitude et de la dépression. Forums de discussions, sites d'informations ou de rencontres, permettent chaque jour à des lesbiennes ou des gays d'accepter leurs différences, d'en parler librement, ouvertement, de façon anonyme.

S'accepter est le premier pas vers la liberté. Cacher qui vous êtes, ce que vous êtes, **ce n'est pas être**. Dissimuler aux yeux du monde votre vrai moi, votre vraie nature, ce qui vous rend heureux, ce qui fait battre votre cœur, c'est mentir aux gens qui vous entourent et vous mentir à vous-même !

Facile à dire ? C'est vrai... Faire son coming-out, ce n'est pas simple même si ça n'est pas si compliqué. Bien sûr, on ne s'assit pas à la table de ses parents ou de ses amis en annonçant simplement : "Je suis lesbienne". On n'annonce pas à sa meilleure amie du lycée qu'on avait des vues sur elle quand on avait 15 ans. Et pourtant, ne serait-ce pas plus simple si vous pouviez parler librement de ce que vous ressentez ? Ne plus mentir, sortir du cercle vicieux de la dissimulation, ne serait-ce pas plus apaisant ? En ce sens, l'expression "vider son sac" prend tout son sens, car porter un secret aussi lourd sur notre vrai moi s'avère être une réelle torture à vivre au quotidien. Et plus les années passent, plus se libérer de ce poids semble devenir plus compliqué même s'il n'en est rien.

Vous n'avez pas fait votre coming out ? Mettez-vous en situation. Imaginez-vous, vous réveiller le matin sans vous demander comment vous allez cacher à vos proches que vous avez un coup de cœur pour la voisine qui est, elle aussi, lesbienne ! Pourquoi continuez-vous à porter ce fardeau sur vos épaules ? Lâchez prise... Coupez ces liens qui vous enserrent dans un mensonge qui vous asphyxie. Regardez-vous devant une glace, prenez une inspiration et dites à voix haute : je suis lesbienne et alors ? Je vous assure, vous n'allez pas en mourir, personne ne va en mourir d'ailleurs. Ce que vous considérez comme un drame n'est rien d'autre qu'un moment désagréable à passer, peut-être moins pire que l'époque où vous annonciez un mauvais bulletin de notes à vos parents si vous étiez du genre cancre en mathématiques comme je l'étais !

Il faut lâcher-prise ! Assumez qui vous êtes, et quand ce sera fait vous serez prête pour l'étape deux et vous annoncerez à vos proches de la plus simple des façons que vous êtes lesbienne. Puis sincèrement, que peut-il arriver de malheureux ? Quelle est la pire option ? Que vos parents soient tristes, mécontents, choqués – rayez la mention inutile. Peut-être seront-ils les trois à la fois et ils se poseront la question ultime "*Mon dieu, mais qu'ai-je fait de travers pour que ma fille soit lesbienne?*". Visiblement, tous les parents passent par là. Puis ils acceptent, en viennent à se dire qu'au fond d'eux ils le savaient, l'avaient senti ou vu venir.

Puis ils arrêteront de se remettre eux-mêmes en question et comprendront qu'ils n'y sont pour rien, que c'est ainsi et ils passeront à autre chose, car il y a de vrais problèmes dans la vie et votre sexualité n'en est pas un...

Et s'ils ne s'en remettent pas, c'est qu'ils ne sont pas assez ouverts d'esprit, tant pis pour eux ! Quoi qu'ils disent, vous répondrez simplement : "*Ce n'est pas votre faute, je suis née comme ça et je vous assure que je suis heureuse et que vous pourrez même avoir des petits enfants si c'est là votre plus grand tracas*".

Certes, j'enjolive le décor et les dialogues, mais c'est exactement comme ça que le pire devrait se passer et pourrait se passer. La plupart d'entre nous accordent beaucoup d'importance à leurs parents, mais faire son coming-out à ses proches n'est pas une absolue nécessité, tout dépendra de votre relation avec eux et de l'importance qu'ils ont dans votre vie. Faites-le si vous en ressentez l'envie et le besoin.

Pourquoi craignez-vous de leur parler ? Vous les avez entendus dire "sale PD" en parlant d'un type dans la rue ? "Sale Gouine" en voyant le film *Gazon maudit* avec Josiane Balasquo ? Certes, c'est peu glorieux et blessant puisque vous vous dites "S'ils savaient que je suis lesbienne". Mais ils ne savent pas et justement, s'ils savaient, peut-être cesseraient-ils ces insultes qui sont aussi courantes que de ponctuer ses phrases par un "putain" ou un "con".

Vos parents, vos amis, ont certainement déjà eu contact avec le monde LGBT par un ami ou une connaissance et dites-vous que la majorité des gens se moquent royalement des LGBT jusqu'au moment où ils apprennent qu'un proche ou un membre de la famille fait partie du *club*. Quand ça leur arrive, ils reconsidèrent leur point de vue et s'adaptent aux circonstances, si toutefois il s'avère qu'ils ont un problème avec l'homosexualité. Ne sous-estimez pas les capacités de vos proches à s'adapter à cette nouvelle donnée dans leur vie, qu'il s'agisse de vos parents, de vos frères et sœurs, de vos cousins, cousines, etc. Dès l'instant où ils comprendront que la vie suit son cours, qu'être lesbienne ne vous rend pas moins drôle, ambitieuse, généreuse, intelligente ou peu importent vos qualités, ils finiront par oublier ce trait de votre personnalité parce qu'ils auront d'autres choses à penser.

Alors plus tôt vous leur fournissez cette petite information qui va un peu chambouler leur état d'esprit bien ancré dans leurs habitudes, plus vite ils la digéreront et plus vite ce sujet sera de l'histoire ancienne et vous retournerez à vos occupations.

Petite parenthèse : Il y a 80% de chances que vos parents aient déjà de très forts doutes quant à vos tendances sexuelles, ils attendent simplement que vous fassiez le premier pas pour en parler dans le seul but de ne pas vous vexer, vous contrarier ou vous mettre mal à l'aise.

Allez-y, lâchez prise...

Comment faire son coming-out ?

Auprès de votre famille ? Comme expliqué plus haut, c'est à vous de juger si cette annonce est nécessaire et primordiale pour vous et pour eux. Tout dépend de la relation que vous entretenez avec vos parents. Peut-être préférez-vous en parler d'abord à votre père ? D'abord à votre mère, votre frère ou votre sœur ? Si vous avez un oncle, une tante, un cousin LGBT, profitez-en ! Cependant, évitez de faire votre annonce lors d'un repas de famille avec vos oncles, tantes, cousins, cousines, nièces et neveux pour vous lever et dire à l'assemblée que vous êtes lesbienne. En effet, cela risquerait d'être mal pris, mal interprété, peut être considéré comme une provocation. Parler à un proche de confiance vous permettra peu à peu de prévenir toute votre famille et de vous sentir bien avec les gens que vous aimez.

Auprès de vos collègues ? Sujet qui prête à discussion. J'ai toujours estimé que la vie sexuelle relevait du privé et de ce fait, ce type de discussion n'a pas sa place au travail. Mais c'est mon avis. Si vous êtes proches de plusieurs collègues, vous pouvez bien sûr en parler afin d'éviter les questions agaçantes à coup de testostérones : "Et toi, tu vis chez ton copain ? Tu as un mari ? Des enfants ? Et toi ton homme il a quel âge ?".

Il est vrai que clarifier votre sexualité sur votre lieu de travail, surtout si vous y travaillez depuis des années, vous permettra de vous y sentir plus à l'aise, moins à l'écart de vos collègues, surtout si vous y passez des journées de sept à huit heures. Et, au cas où votre employeur viendrait à vouloir se séparer de vous, vous pourriez toujours le culpabiliser : « c'est parce que je suis homosexuelle que vous voulez vous débarrasser de moi ? » - (Cf. le film français "Le Placard", drôle et situation tout à fait probable).

Auprès de vos amis ? Si vos ami-es sont de vrais ami-es, il serait fort à parier qu'eux aussi aient de grosses suspicions quant à votre sexualité et qu'ils n'osent pas vous en parler pour ne pas vous mettre mal à l'aise ou vous blesser. N'attendez pas qu'ils vous en parlent en premier, l'attente risque d'être longue. Prenez les devants, trouvez une occasion lors d'une sortie pour en parler, pourquoi pas en les emmenant dans un bar LGBT ?

Vous craignez d'être rejetée ? C'est normal d'avoir peur. Quand on ne rentre pas dans les normes (c'est du moins ce que vous pourriez croire), on craint d'être mise de côté, d'être rejetée, de se retrouver seule. Qu'il s'agisse de religion, d'opinion politique, de sexualité, de langue parlée, quand on est différent de la majorité à travers nos pensées, nos actes, notre morale, notre éducation, on prend le risque de se confronter au rejet, à la discrimination et donc à l'homophobie.

Et le rejet c'est la peur de l'autre, la peur de la différence, la peur d'être incomprise, de ne pas être acceptée comme nous sommes. Et vous savez quoi ? Homo ou non, l'humain est par nature le maître du rejet. Racisme, antisémitisme, islamophobie, xénophobie, etc. Tout ça pour dire qu'avoir peur d'être rejetée est naturel quand on constate dans notre quotidien des exemples flagrants, constants, permanents de rejet. Il suffit d'allumer la télévision sur les actualités pour en avoir des exemples à longueur de journée.

Mais ne craignez pas d'être rejetée. Même être hétéro ne protège pas des discriminations et de la stupidité des gens. Le principal, c'est d'être bien dans ses baskets, bien dans sa tête, bien dans son corps. Ayez confiance en vous, prenez les devants, assumez, annoncez à votre entourage, famille et amis – et avec fierté – que vous êtes lesbienne et vous contribuerez à les rendre plus tolérants et à vous rendre plus fort. Si vous dégagez de l'assurance, de l'épanouissement, ils se sentiront à l'aise face à vous, vous couperez court ainsi à toute critique. Je suis lesbienne, et j'assume. (Qui m'aime me suit !)

Être lesbienne et trouver une petite amie

Ce guide n'est pas un manuel de drague, mais à travers nombre de vos témoignages, nous avons élaboré un petit didacticiel sur les différentes méthodes destinées à vous trouver une petite amie – *peut-être pas idéale, mais il faut bien commencer quelque part !*

Où trouver des lesbiennes ?

Les sites de rencontres : Une recherche rapide sur Google et vous trouverez de nombreux sites (gratuits ou payants) qui vous proposent de rencontrer l'âme sœur. Seule derrière votre écran, vous oublierez votre timidité, vos impairs ou votre manque de conversations... Un écran vous sépare de l'autre, vous permet d'être plus décontractée et surtout, surtout, ces sites semblent remplis des plus belles femmes que vous n'aurez jamais croisées dans le monde réel. En bref, vous pensez avoir déniché l'Eldorado et qu'en moins d'une heure vous avez trouvé la femme de votre vie pour vous marier et faire des bébés... C'est très certainement ce que tous ces sites veulent vous faire croire, mais désolée, ce n'est pas la réalité.

Ce que vous en pensez ?

Véronique SB : Comme je suis timide et que je ne suis pas du genre à flirter dans les bars ou autres lieux publics et que je suis complètement aveugle quand le flirt vient de l'autre, les sites de rencontres étaient ma meilleure option. Par contre, ça n'a pas toujours été pour le mieux. J'ai eu quelques expériences ou même après être en couple, mes copines de l'époque continuaient de traîner sur des sites. D'ailleurs l'une d'elles a été un vrai cauchemar... Mais aujourd'hui, ma copine actuelle je l'ai rencontrée sur un site et ça va bien, même après 5 ans.

Carole D. : testé! Euh ! pas le top, je ne tombais que sur des adeptes du cul, certaines un peu toquées et ayant des goûts très "hard"!! Donc j'ai vite foutu le camp ! Après j'ai rencontré ma femme sur un forum lesbien très convivial.

Anne B. : Je suis incapable de draguer sur Internet. Franchement, j'ai essayé, et c'était la catastrophe. J'ignore si c'est moi qui les attire, mais toutes les filles que j'ai rencontrées sur la toile avaient de sérieux problèmes à régler, sans parler des faux comptes, et d'avoir un problème récurrent à corriger mentalement toutes les fautes d'orthographe que les filles faisaient en écrivant. C'est sans doute stupide, mais c'est pour moi rédhibitoire ! Alors je préfère les rencontres physiques, au moins on est sûre de ne pas avoir de surprise.

Emmeline M. : Passé l'âge de sortir en "boîte homo", Pour avoir plus de facilité à rencontrer de potentielles conquêtes, j'ai opté pour un site de rencontres. Le côté super c'est que l'on à un large choix, que dis-je un panel immense et éclectique de filles. Le côté négatif ça fait vraiment « marché aux bestiaux ». Après, comme tout échange sur Internet, il faut faire attention ! Les apparences peuvent vous tromper.

Aude M-h : J'ai tout testé, mais j'avoue que toutes les femmes avec qui je suis restée je les ai rencontrées sur des sites... Le pourquoi ? Je ne le sais pas, mais cela a tjrs été de meilleures rencontres, plus sérieuses, que celles dans un bar ou en boîte..

Sweeth EC : Oui, c'est maintenant le meilleur moyen de rencontrer lorsque nous avons un emploi du temps chargé ou qu'en raison de notre carrière (qui pour moi est camionneur) nous ne sommes pas très souvent en région, province et même pays. J'y ai rencontré mon ex-femme, mon ex-fiancée et pratiquement toutes mes fréquentations. C'est un excellent moyen pour apprendre à connaitre une personne sans devoir s'immiscer dans ça vie trop rapidement.

Bétina P. : bonne solution quand on ne sort pas beaucoup. J'y ai fait de belles rencontres, amoureuses et amicales. Par contre ça demande de l'intuition, parce que les sites de rencontres c'est une armée de cinglés !!

Sophie V. : Déjà testé, c'est aléatoire, et souvent il y a toujours les mêmes personnes sur tous les sites lesbiens, donc au final, j'ai plutôt laissé venir au lieu de chercher, à la 1ere fille c'est pas la bonne,2e fille,3e, et puis ça tombe sur le coin de l'œil du jour au lendemain. Des messages échangés, un numéro de téléphone, un rendez-vous, et puis le moment crucial de rencontrer la personne. L'étape finale qui nous dira si l'histoire commence à s'écrire où si elle ne fut que virtuelle.

Manuella A. : Oui, j'ai déjà testé les sites de rencontres et j'étais plutôt déçue. Une fois j'ai rencontré quelques femmes dans le réel, mais pour l'instant je n'ai rien trouvé. Je laisse faire les choses, mais c'est un moyen comme un autre pour rencontrer quelqu'un.

Nathalie F. : Testé un site en particulier... J'y ai fait des rencontres sympas et des moins sympas, des amitiés aussi. C'est vrai que le virtuel ne convient pas à tout le monde, il faut faire le tri, car il y a tous les profils et pas mal de barrées. Personnellement, j'ai rencontré mon amie actuelle, on est ensemble depuis 6 ans. Comme j'étais en mutation professionnelle, c'était plus facile de faire des rencontres...

Armandine F. : J'ai testé, résultat j'y ai rencontré ma compagne actuelle. Sept ans que ça dure et un mariage à la clé en septembre dernier ! Donc je pense que oui, ça peut être top pour les gens qui n'ont pas de lieux lesbiens à proximité ou les timides. Mais comme pour tout, il y a des abus de la part de certaines pour plutôt trouver une compagne d'une nuit qu'une relation sérieuse. Il faut savoir rester sur ses gardes et rencontrer les gens quand les choses deviennent sérieuses par le net.

Soledad DL : testé. Oui, c'est un moyen de rencontre, mais le souci c'est que caché(e) derrière un clavier et un écran, on peut être n'importe qui. Donc pléthore de faux profils, de mecs se faisant passer pour des nanas (mais se repèrent vite, on n'est pas des perdreaux de la dernière pluie non plus), des gonzesses qui mitonnent. Donc déçue.

Ti Tine : oui testé et rencontré ma compagne déçue et qui nous permise de nous connaître pendant un an sur Internet a tchatché. Ensuite, vivre ensemble, et je suis avec ma compagne depuis 8 ans.

Nathalie GD : Oui, j'y ai rencontré ma femme, même s'il c'est avéré qu'elle était l'ex de la nouvelle copine de mon ex... c'est un bon moyen pour faire des rencontres, car quand on ne vit pas dans une grande ville c'est très compliqué... et puis ça permet de se sentir moins timide caché derrière son ordinateur...

Steph F. : Oui et je ne le regrette pas, car c'est sur un de ces sites que j'ai connu ma chérie. Ce genre de site c'est un peu la roulette russe, je pense, on y trouve tout et n'importe quoi. Faut être super méfiante et ne pas y aller dans l'idée de rencontrer le grand amour du 1er coup. La 1ere fois que je suis allée sur un site, j'ai fait la connaissance d'une fille qui me plaisait pas mal, mais un peu plus jeune. À l'époque, je vivais dans le 77 et elle a Montpelier et après deux aller-retour j'ai décidé de tout plaquer chez moi pour la rejoindre et hop, deux ans après elle m'apprend que c'était juste pour avoir quelqu'un qui s'occupe d'elle. Mais c'était un mal pour un bien, car moins d'un an après j ai connu ma louloute sur un site et ça dure depuis 7 ans

Ce que j'en pense ? Ceux qui ont créé ces sites ont bien compris l'adage "le malheur des uns fait le bonheur des autres". Qu'il s'agisse de sites de rencontre pour gays, lesbiennes, musulmans, juifs, geeks, nerds, témoins de Jehova et autres communautés, l'idée est juteuse et je n'adhère pas à ce principe de faire payer des gens pour trouver l'amour. Depuis quand l'amour est-il payant ? Si on part par là, à quand les pilules pour combler la détresse des gens en manque d'amour ? Bien sûr, vous vous moquez de connaître les dessous du business des sites de rencontres ou l'objectif de leurs créateurs. Vous vous dites d'ailleurs que c'est grâce à ces sites merveilleux que vous avez pu assumer d'être lesbienne, voire, que vous avez rencontré la femme de votre vie. Chanceuse !

Si vous ne l'avez pas encore rencontrée, votre intérêt premier est de savoir si ces sites sont **un bon ou mauvais plan quand on est une lesbienne célibataire.** Et à cette question, je vous répondrai : tout dépend de ce que vous cherchez.

Que ce soit un plan d'un soir, un plan sérieux, un tchat coquin ou la quête de l'amour de votre vie, attention ! Moi aussi j'ai testé le genre de personnes qu'on rencontre majoritairement sur ces sites qui sont comparables à une boîte de bonbons-surprises. Certains sont parfois très indigestes !

Sur ces sites, on y rencontre :

- Des femmes qui n'ont ni travail, ni passion, ni vie sociale, ni centres d'intérêt autres que la drague, et qui parlent à toutes les nouvelles inscrites pour s'occuper et tuer le temps en vous faisant perdre le vôtre,
- Des filles qui ne sortent jamais de chez elles, parce que socialement et psychologiquement incompatibles avec le monde réel.
- Des filles qui sont incapables de trouver une petite amie parce qu'elles n'ont pas réglé certains problèmes liés à leur vie privée,

- Des filles qui sont parfois dépressives, perverses narcissiques ou dépendantes affectives et qui vous rendront la vie impossible si elles ont en tête que vous leur appartenez,
- Des filles qui, neuf fois sur dix, ne seront pas à votre goût.

Deuxième point, et pas les moindres. Les sites de rencontres sont très (trop) souvent arpentés par des hommes, des couples, des escrocs, qui viendront vous parler dans l'intention – entre autres – d'obtenir des photos compromettantes de vous, des photos nues de préférence et/ou dans des postures intimes, qui leur permettront de vous faire chanter si vous ne leur envoyer pas de l'argent. (Cette arnaque très connue nous vient d'Afrique et vous trouverez plusieurs témoignages de victimes en sillonnant le Net).

Faire des rencontres sur des forums de discussions :

les *forums* sont, d'après moi, le meilleur moyen de faire des rencontres virtuelles. Premièrement, parce qu'un forum est composé de plusieurs centaines, voire de plusieurs milliers de personnes qui interagissent sur des sujets aussi divers que variés dans un but premier qui est l'échange et la distraction. Deuxièmement, parce que les forums n'accueillent pas les trois quarts des parasites que vous trouverez sur *les sites de rencontres*. Parler cinéma, musique, littérature, sortie, philosophie, sport, peu importe le sujet, il est toujours plus sain de rencontrer quelqu'un dans des conditions de discussions seules ou à plusieurs plutôt que sur un site de rencontres où vous n'avez aucune trace, aucun indice vous permettant de cerner et d'identifier votre interlocuteur. Les forums de discussions permettent de créer des affinités, de prendre le temps de connaître l'autre par clavier interposé. En bref, les forums sont un bon début pour des rencontres dans le monde ô combien vaste du Net lesbien.

Faire des rencontres sur les réseaux sociaux : Facebook est un outil formidable de communication et s'il peut être dangereux quand il est mal employé, Facebook vous permet aussi de mieux connaître les personnes que vous ajoutez à vos contacts. Les fanpages ou les groupes sont des lieux virtuels pratiques et conviviaux pour faire des rencontres ciblées. Vous trouverez des groupes réservés aux lesbiennes sur Paris, sur Montréal, des pages destinées au cinéma lesbien, à la littérature lesbienne, etc.

Mais attention cependant…

1. Dites-vous qu'il est fort à parier que les lesbiennes inscrites sur les sites de rencontres sont très probablement sur les pages Facebook de votre ville ! Ça peut être un avantage si vous voulez davantage les connaître.
2. Pensez aussi que créer un faux compte avec un faux email se fait en quelques minutes. N'acceptez pas n'importe qui dans vos contacts.

Comment draguer une lesbienne sur Internet ?

Ces quelques conseils ne sont pas une méthodologie infaillible qui vous assurera de trouver l'âme sœur lors de votre prochaine discussion virtuelle.

Le problème du net, des forums, des tchats, de Facebook et de tous les supports de communication numérique, c'est l'écriture… Même si certaines penseront le contraire, difficile de mentir à long terme quand on écrit. Difficile de faire croire qu'on a un BAC+6 en littérature si on fait trois fautes d'orthographe à chaque ligne et qu'on ne sait pas qui est Molière. Si vous voulez draguer sur Internet, votre façon d'écrire, votre manière de vous exprimer, les mots que vous emploierez détermineront qui vous êtes. *Si vous ékrivé com sa pr draguer 1 fille, sa va pa l'faire vrément...*

Soignez votre façon d'écrire : draguer dans le virtuel exige une certaine tenue orthographique quand bien même vous n'êtes pas experte en orthographe ou que vous ne sortez pas d'une faculté de lettres. Faites un effort et faites de votre mieux. Soignez votre image virtuelle au même titre que vous prenez une douche avant de vous rendre à un rendez-vous. Il ne s'agit pas non plus de porter des fringues hors de prix pour être bien habillée. De même qu'il ne s'agit pas d'user d'un vocabulaire que personne ne comprendra pour communiquer une bonne image de votre personne. Mais votre façon d'écrire sera tout de même le véhicule de qui vous êtes. En quelques lignes, la personne qui parcoure vos mots peut avoir un aperçu conséquent de qui vous êtes, même inconsciemment. Il en va de même quand on rencontre une personne dans la vraie vie. Bien écrire, bien présenter, c'est aussi respecter la personne avec qui vous discutez. On ne parle pas de faire un "sans-faute", personne n'est parfait, on parle simplement de faire de votre mieux. Il va de soi que vous n'allez pas vous pointer à un rendez-vous en jogging délavé ou troué et avec un haut de pyjama. Idem, si votre rendez-vous se pointe avec des cheveux crasseux et sent la transpiration, vous n'aurez pas envie de passer plus de cinq minutes en sa compagnie. Alors, soyez vous-même, mais soyez propre dans votre écriture.

Ne mentez pas : inutile de raconter à la fille que vous draguez que vous êtes célibataire si vous êtes en couple, que vous êtes étudiante en médecine si vous avez arrêté vos études au lycée ou que vous adorez les chats si vous les détestez. Parce que si vous avez des affinités avec ladite fille et que vous voulez la rencontrer, vous finirez par vous trahir. Débuter une relation par un mensonge ne vous mènera jamais très loin.

Comment draguer une lesbienne dans la vraie vie ?

Plus difficile et pourtant, tellement plus excitant. Là, il n'y a plus d'écran, plus de barrière entre vous et la fille qui vous intéresse. Non seulement vous la voyez en trois dimensions, mais vous pouvez la sentir, la respirer, la toucher, user de votre charme, de votre façon de parler pour la séduire, de votre intuition ou de votre feeling pour saisir ce que les autres sens ne perçoivent pas. Encore faut-il qu'elle soit réceptive à tous les signaux que vous lui envoyez, et que vous parveniez à débuter la conversation ! Facile à dire et impossible à faire, me direz-vous ! Forcément, quand on a une fille en visuel qui nous plaît, on aimerait faire sa connaissance, mais tout le problème de l'approche est à résoudre. Dans le monde des lesbiennes, laquelle est supposée faire le premier pas ? Y'a-t-il une règle spécifique ? Des codes à reconnaître ? Pourquoi ce serait à vous d'aller vers elle et pas le contraire ?

Seulement voilà, chez les lesbiennes il n'y a pas de règle proprement définie, mais comme dans chaque jeu de séduction, des codes, des indices, des petites choses qui vous feront comprendre que vous avez toutes vos chances. Pour l'approche, tout dépend de vous, de votre aisance à faire le premier pas, de votre patience si vous préférez attendre qu'on vous aborde. Idéalement, faites-le comme vous le sentez et si vous ne le sentez pas, voici quelques méthodes d'approches qui vous permettront de créer un premier contact.

Si vous êtes dans un bar. Vous capturez son regard, vous lui souriez, elle vous renvoie un léger sourire. Vous n'osez pas vous approcher pas plus qu'elle n'osera. Que faire ?

1. **Tactique numéro 1** : (Niveau de difficulté :   facile)
Il suffit d'appeler le ou la gentille barmaid et de lui demander de resservir la même chose à ladite fille. Si celle-ci considère que vous êtes à son goût, elle viendra vous remercier et ce sera pour vous le meilleur moyen de débuter une conversation. Si elle vous sourit sans venir, le regard insistant, peut-être sera-t-elle trop intimidée, dans ce cas, ce sera à vous de vous lancer.
2. **Tactique numéro 2** : (Niveau de difficulté :   Moyen)
Vous vous levez et allez lui parler. Vous pouvez vous présenter, lui demander son

prénom, lui proposer un verre, puis enclencher la conversation. Veillez bien sûr à ce qu'il y ait un minimum de répondant en face de vous. Dans le cas contraire – ou si vous constatez que la fille n'est pas réceptive, ne soyez pas lourde et souhaitez-lui une bonne soirée avant de vous éclipser. Si elle veut encore vous parler, elle vous retiendra.

3. **Tactique numéro 3 :** (Niveau de difficulté :   difficile)
Invitez-la à venir s'asseoir avec vous, à part pour discuter plus au calme et mieux apprendre à la connaître. Elle accepte, c'est gagné, elle refuse, c'est perdu. Mais au moins vous serez fixée ! et qui ne tente rien n'a rien ! pas vrai ?

Si vous êtes sur votre lieu de travail. Votre mission ne sera pas des plus simples. À savoir déjà, d'une part : est-ce que celle qui vous intéresse est au courant de vos tendances ? Voici plusieurs méthodes pour l'approcher et vous renseigner à son sujet.

1. **Tactique numéro 1 :** (Niveau de difficulté :   facile)
Pour éviter toute gêne d'un bord comme de l'autre, organiser une soirée entre collègues où elle sera invitée. Vous pourrez ainsi apprendre à la connaître, l'observer dans un autre contexte que celui du travail. Un 5@7

dans un bar près de votre lieu de travail sera parfait et vous permettra en plus de connaître vos autres collègues.

2. **Tactique numéro 2 :** (Niveau de difficulté : moyen) Un tête à tête est idéal pour mieux connaître celle qui vous empêche de dormir la nuit ou de vous concentrer sur vos tâches professionnelles. Invitez-la à manger ou proposez-lui de déjeuner avec vous à la pause du midi. Arrangez-vous pour avoir les mêmes horaires ou la même heure de pause repas et proposez-lui de se joindre à vous ou de vous joindre à elle.

3. **Tactique numéro 3 :** (Niveau de difficulté : difficile) Cette méthode demande de l'audace, une bonne dose d'assurances, mais dites-vous que nombre de personnes aiment la franchise qui est un moyen idéal pour savoir où vous allez. Soyez directe, franche. Affichez votre homosexualité et demandez-lui simplement ce qu'elle en pense. Ce genre de révélation pourra la mettre mal à l'aise, ou au contraire, la détendre si elle assume ses tendances.

Peut-on avoir une amie lesbienne ?

Avoir une amie lesbienne quand vous êtes lesbienne : fausse bonne idée ! Par définition, l'amie est une personne avec qui vous n'aurez jamais envie de coucher et la plupart des lesbiennes qui voudront être votre amie auront, neuf fois sur dix, des vues sur vous. Quoi ? Vous ne le saviez pas ? Dites plutôt que vous prétendiez ne pas en avoir conscience. Vous ne pourrez pas dire que je ne vous ai pas prévenue et ne me dites pas que vous n'avez pas envie d'être amie avec les plus canon des lesbiennes que vous croisez dans le milieu ou en dehors ? Vous n'allez pas non plus me faire croire que vous n'avez aucune sorte d'idée derrière la tête avec votre meilleure amie lesbienne super canon ? Non? Vraiment ? Alors vous faites partie des rares, très rares personnes qui savent faire la part des choses, félicitations !

Avoir une amie lesbienne quand vous êtes gay : sans conteste, le meilleur ami de la lesbienne est le gay. Aucune attirance possible entre vous. D'une part, au regard du gay, la lesbienne amie représente souvent celle qu'il aurait épousée s'il avait été hétéro, et vice-versa. D'autre part, au regard de la lesbienne, l'homme gay peut devenir le meilleur confident, le frère, le père, la mère ou tout autre palliatif sentimental dont une lesbienne peut avoir besoin. Gros bonus non négligeable : l'ami gay est toujours OK « ou presque » pour vous donner son sperme si vous voulez soudainement un bébé !

Avoir une amie lesbienne quand vous êtes une femme hétéro : fausse bonne idée, pour les mêmes raisons citées dessus. Mesdames ! désolée si je vais vous choquer, mais la lesbienne raisonne comme un mâle, même si comme vous, ses organes génitaux sont à l'intérieur de leur corps.

Avoir un ami hétéro quand vous êtes lesbienne : sauf cas exceptionnel, oubliez, oubliez, oubliez... L'homme hétéro ne voit en la lesbienne que l'accomplissement absolu de son fantasme. Persuadé qu'elle n'est jamais tombée sur l'homme idéal, il se donne pour mission sacrée de la ramener sur le droit chemin, du bon côté de la barrière, la barrière se situant précisément sous sa ceinture, dans son lit, son pénis logé entre vos cuisses en attendant que vous invitiez une jolie femme à rejoindre la partie en cours. ☺ L'ami hétéro homme vous répétera toujours que votre sexualité ne le gêne pas, qu'il respecte vos tendances, jusqu'au jour où il vous dit : "je t'aime". Et il ne ment pas ! Il est réellement tombé amoureux de vous. Pourquoi ? Parce qu'avec l'ami hétéro vous êtes vraie, vous ne vous cachez jamais qui vous êtes et c'est généralement votre naturel, votre spontanéité, votre humour, votre moi véritable qui le rend dingue d'amour pour vous. Si l'ami hétéro se met à vous combler de cadeaux dits amicaux, à vous inviter au restaurant chaque midi et soir, ne vous faites aucune illusion sur ce qu'il attend réellement de vous. C'est triste pour lui, mais il vous faudra très certainement rompre votre amitié sans quoi il ne guérira jamais, car l'ami hétéro s'attachera à vous et vous idéalisera comme la femme de sa vie.

Sortir avec sa meilleure amie lesbienne

Vraie ou fausse bonne idée ? *Voici vos réponses :*

Steph F. : Je pense que c'est a double tranchant cette situation, soit on gagne un grand amour si ça marche soit on perd sa meilleure amie si c'est un flop. Mais même si ça fonctionne, est-ce qu'on ne risque pas de s'ennuyer un peu ? Car s'il s'agit de notre meilleure amie on est sensé la connaitre à fond, non ? Et ce qui est intéressant dans une relation c'est justement la découverte de l'autre.

Et une meilleure amie est la personne avec qui on partage tout, c'est une confidente en fait, est ce qu'on peut vraiment TOUT confier à sa p'tite copine ? Et est-ce que la complicité sera intacte ? Certes l'amour ne se commande pas et on ne peut pas savoir de qui on tombera amoureux, mais il y a pas mal de choses à prendre en compte quand même...

Céline F. : Pour quelqu'un qui pense que sortir avec ses amies est globalement une mauvaise idée, je vais épouser ma meilleure amie dans quelques mois. On ne commande pas ses sentiments et ce n'est pas évident de franchir le pas de peur de perdre l'autre en cas d'échec, mais on prend toujours un risque en amour. Le gros avantage est qu'on connait les petits travers de l'autre, et ses failles. On peut zapper la partie où chacune essaie de faire bonne impression, ce qui n'empêche pas de se découvrir autrement. Et non l'ennui, je ne l'ai pas encore vu. Nous sommes ensemble depuis 7 ans. C'est après environ 2 ans d'amitié qu'on a dérapé un soir, l'alcool aidant. Elle se disait hétéro à l'époque et j'ai eu droit le lendemain au classique "je t'aime beaucoup, mais c'était l'alcool, notre amitié n'en pâtira pas hein?" On a continué à être amies, toujours proches, mais c'était toujours un peu ambigu, tous nos proches pensaient d'ailleurs qu'on sortait ensemble ce qui avait le don de l'énerver. Ça a dérapé plusieurs fois au cours de 'année qui a suivi, elle ne changeait pas de refrain, de mon côté l'amitié n'en était plus vraiment, donc je me suis éloignée d'elle quelques mois. C'est une amie commune qui lui a secoué les puces en lui disant qu'elle allait me perdre sur tous les plans et un soir, elle s'est jetée à l'eau. Elle avait très peur de me perdre en tant qu'amie, de mon côté c'était différent, l'amitié n'était plus viable dans ce contexte.

Anne B. : C'est une expérience à faire s'il y a de l'attirance de chaque côté. Pour ma part je suis quelques fois sortie avec de très bonnes amies, mais il y avait forcément ce petit truc entre nous qui nous donnait envie de partager notre intimité avec l'autre. Le problème survient quand la meilleure amie n'est pas attirante ou quand elle n'est pas attirée par nous. Là, en effet, mieux vaut mettre un terme à la relation pour éviter les dommages collatéraux !

Chloé SL : fausse mauvaise idée c'est le meilleur moyen de casser une amitié et non je n'ai pas testé avec la mienne, car je savais très bien que c'était peine perdue.

Lilith MF : Comme le dit Steph F. une idée à double tranchant, car c'est une relation magnifique, mais qui, lorsqu'elle se finit, est très souvent destructrice... C'est sûr, vous êtes sur la même longueur d'onde, vous êtes fusionnelles, mais lors de disputes ça fait mal, car elle connaît tous vos points faibles, elle connait vos peurs et vos doutes. C'est le meilleur moyen, je pense, pour expérimenter la joie et la douleur, le bonheur puis le malheur en une seule relation.

Sophie WG. : Ca dépend de ta meilleure amie. En soi ce n'est pas une super idée, parce que parfois ça détruit des amitiés qui étaient solides et tu vois des côtés de ta meilleure amie que normalement tu ne verrais pas.

Christelle C. : J'ai testé il y a longtemps et ça a duré presque un an, une belle année avant qu'on se rende compte qu'on préférait continuer sur notre amitié.

Karo Line : Qu'est-ce l'amitié si ce n'est un amour sans sexe ? Aux arguments donnés, notamment sur le fait de connaître à fond sa meilleure amie, je trouve que c'est justement un plus. Même si on la connait à fond, il y a encore tant à découvrir dans l'intimité. Je trouve que c'est d'ailleurs un avantage de savoir avec qui on sort, ça évite d'être déçu ! C'est sûr qu'une rencontre amène son lot de bonnes surprises, comme les mauvaises. On s'imagine que la personne est de telle ou telle façon puis on se rend compte qu'on s'est trompée puis on est déçue, résultat on quitte l'autre. Sortir avec sa meilleure amie évite ces problèmes et permet en plus de découvrir de nouvelles facettes de sa personnalité qu'on ignorait. Je pense que toute relation saine devrait d'ailleurs commencer par une profonde amitié, sans parler des coups d'un soir bien sûr ! Je rajouterai d'ailleurs à Steph F. que justement, la petite amie idéale est supposée être aussi la meilleure amie et la confidente, sinon à quoi bon avoir une petite amie si on ne peut pas tout lui dire ?

Steph F. : Perso, je ne prendrai pas le risque de gâcher mon amitié avec ma meilleure amie. Même si on se connait à fond, même si on se complète, même si on est sur la même longueur d'onde, on n'est jamais à l'abri de rien en encore moins d'une rupture pour X raisons. Je ne dis pas que c'est systématique, loin de là, celles pour qui ça a marché je suis très contente pour elles et elles ont fait preuve de courage en sautant le pas. Pour moi en ce qui ME concerne ce qui me freinerait c'est la peur de tout perdre, ma copine et ma meilleure amie. C'est quitte ou double.

Steph F. : En fait je viens de réaliser un truc... Ma copine, ou plutôt ma tite femme depuis presque 7 ans est ÉGALEMENT ma meilleure amie... Elle est ma confidente, celle qui me boost, celle avec qui je m'éclate et me tape des délires, elle est mon tout en fait. Et avec ma meilleure amie c'est pareil, et comme le disait Karo Line l'amitié c'est un amour sans le sexe. La limite entre l'amour et l'amitié est super mince en fait, ça ne tient pas à grand-chose. Bref, c'est juste un truc qui me passait par la tête. Kyrian vous avez le don de faire cogiter les gens vous !

Yhzpoe F. : Je pense que ça dépend de l'amitié. Mais une vraie meilleure amie devient souvent comme une sœur à nos yeux alors on a une impression d'inceste si on s'imagine coucher avec ou avoir une relation amoureuse... Après c'est ce que je pense, je pense aussi qu'il y a une multitude d'amitiés différentes et que selon leur nature il est plus ou moins possible de finir par sortir avec !

Karen D. : Oh non alors, il ne faut jamais mélanger "amie" et "petite amie" ! Si un jour ça casse, plus de copine et plus de petite amie. Perso ça ne m'est jamais arrivé, mais je connais quelqu'un oui. Elles sont restées ensemble 3ans et puis la dégringolade. Depuis elles ne se parlent plus et bien sûr cela peut arriver à n'importe quel couple, mais là, elle a perdu son amie!

Aude M-h : testé, catastrophe, amitié perdue, tout a été gâché entre nous par ce délire qui nous a pris... Bref mauvais plan !

Sakina C. : Je n'ai jamais fait l'expérience, mais beaucoup d'amies l'ont faite et ça ne s'est jamais bien passé. L'amour et la grande amitié telle que celle que l'on partage avec sa meilleure amie sont un sentiment semblable qui peut facilement se confondre. Avec ma meilleure amie beaucoup nous ont pris pour un couple et souvent nous n'avons même pas cherché à démentir, même devant son entourage nous nous appelons "mon amour" et "ma chérie", exactement comme avec ma petite-amie, ça surprend, mais voilà on est très complice. Ma meilleure amie sort même avec mon double masculin, elle l'a d'ailleurs dit qu'on était sacrément similaire et que si elle avait été attirée par les filles c'est avec moi qu'elle aurait été. Mais voilà, même si elle avait été attirée par les filles jamais je ne risquerais ma superbe amitié avec elle pour une histoire qui ne sera sûrement pas d'amour et risque de se finir prématurément, car ce n'est pas de l'amour amoureux entre nous, juste de l'amour amical, et suite à une rupture c'est dur de rester amie avec son ex donc on perd sa meilleure amie. Si quelqu'un sort avec sa meilleure amie et est vraiment amoureuse c'est qu'elle l'était déjà, pour mes amies chaque fois c'était une erreur d'interprétation des sentiments de la part d'une des deux ou des deux, et quand une était vraiment amoureuse elle n'arrivait pas à rester amie, car rester amie avec l'autre après avoir été sa petite-amie et connu le plaisir d'être avec elle intimement, c'est difficile. Voilà ce qu'il s'est passé dans mon entourage et mon expérience avec ma meilleure amie, car oui je me suis demandé si j'aimerais sortir avec elle, si je n'étais pas amoureuse.

Genevieve B. : Moi je voudrais qu'elle soit ma meilleure amie (must) et que je sois sa best aussi. Je ne supporterais pas d'être sa deuxième meilleure amie. Par contre, moi c'est plus les gars qui sont mes best. Mes amies d'enfance, je les ai laissé tomber, car nous ne partagions plus les mêmes valeurs, etc.

Audrey R. : Très mauvaise idée et non envisageable pour moi comme pour les relations hétérosexuelles. Je pense qu'il ne faut pas confondre amour et amitié, au risque de détruire une belle amitié qui a pris du temps à se construire sur la confiance...

Laura M. : C'est simple : À partir du moment où l'une des deux attend plus que de l'amitié je pars du principe que c'est foutu. Trop de tensions. Jalousies. Et même si ça reste caché, consciemment ou inconsciemment ça nuira à la relation amicale. Donc si c'est réciproque, autant foncer et profiter de la vie.

Patricia P. : bonne question. Je vais dire que cela dépend du caractère de chacune. Ça m'est arrivé, et ça n'a rien changé à notre relation amicale. On est toujours amies, et ça depuis 15 ans.

Fausse bonne idée ou non, testée ou non, je ne vous citerai qu'un conseil du Dalaï-lama: "Prenez en compte que le grand amour et les grandes réussites impliquent de grands risques."

Alors, risquez ce que vous avez à risquer, car mieux vaut regretter une chose que vous avez faite que de vivre avec le regret de ne jamais avoir essayé de la faire.

Si la majorité des réponses du sondage déconseillent à haut niveau d'entrer en relation avec sa meilleure amie, moi, je vais vous donner **11 bonnes raisons de le faire :**

1.   Votre meilleure amie est une meilleure amie de longue date, alors vous n'avez aucun secret pour elle et vice-versa. Elle vous connait, vous la connaissez. Un sourire, un regard, vous vous êtes même déjà demandé si vous ne communiquiez pas par télépathie,
2.   Vous savez déjà tout ce qu'il y a à savoir sur elle, ses amis, ses collègues, sa famille, son

enfance, ses vacances, ses études et ses déboires amoureux, vous connaissez son histoire, son passé, ses ambitions, ses projets,

3. Vous ne vous ennuyez jamais quand vous êtes ensemble et êtes toujours réjouies de passer du temps l'une avec l'autre,

4. Vous avez déjà un lien de connexion inexplicable, vous êtes fusionnelles et vous ne restez jamais sans nouvelle de l'autre plus d'une semaine sans vous écrire ou vous passer un coup de fil, de vrais inséparables,

5. Tout votre entourage a toujours cru que vous étiez déjà sorties ensemble et pour cause, vous avez les mêmes passions, les mêmes délires, vous faites tout ensemble dès que vous le pouvez, de vraies jumelles,

6. Elle est l'une des rares personnes à vous connaître par cœur et que vous connaissez par cœur, vous savez vous remonter le moral quand l'une ne va pas bien et votre présence respective vous apaise.

7. Depuis le temps que vous vous connaissez, vous avez une confiance aveugle l'une pour l'autre, vous savez que vous pourrez toujours compter l'une sur l'autre en toutes circonstances, quoi qu'il arrive.

8. Vous l'avez désignée comme meilleure amie pour d'excellentes raisons qui seront d'autant plus valables si vous sortez ensemble,

9. Vous aimez déjà ses qualités, acceptez ses défauts, vous connaissez ses goûts, elle

connaît les vôtres et vous avez souvent le même attrait pour les mêmes choses au même moment,

10. L'amitié c'est de l'amour sans sexe alors pourquoi ne pas laisser tomber l'amour platonique pour un amour tout court ?

11. De toute façon, votre petite amie est supposée devenir votre meilleure amie, alors autant le faire dans l'autre sens c'est nettement plus sain !

Dans un monde parfait où vous et votre meilleure amie finissez par sortir ensemble, vos sentiments respectifs sont réciproques et vous permettent de vivre une idylle parfaite qu'on vous enviera probablement.

Cependant, il est deux autres cas de figure auxquels vous pouvez être confrontées :

1. Votre meilleure amie est amoureuse de vous et ce n'est pas réciproque.

2. Vous êtes amoureuse de votre meilleure amie et ce n'est pas réciproque.

C'est à ce moment précis que commencent vos problèmes, car dans les deux cas, il y a une possible décision à prendre et pas la moindre : **ne plus être amie**.

Si les choses sont dites, avouées, les

sentiments mis sur la table et que l'une ou l'autre ne ressent pas les mêmes sentiments, l'une souffrira. Si vous choisissez malgré tout de rester amies dans ces conditions précises, votre relation deviendra probablement toxique, l'équivalent du supplice de Tantale, vous savez, ce type dans la mythologie Grecque, condamné à la faim et la soif éternelle, à voir de l'eau et des fruits à portée de main sans jamais être en mesure de boire ou de croquer dedans. Accepter de poursuivre une amitié dans ces conditions, c'est condamner l'autre ou soi-même à une véritable torture physique et psychologique. D'une part, parce que les sentiments ne disparaîtront pas, d'autre part, parce que vous aurez toujours l'objet de vos désirs près de vous. Prendre de la distance deviendra alors une priorité.

Avez-vous déjà rompu une amitié parce que vous, ou votre meilleure amie ressentiez de l'amour pour l'autre ?

Vos réponses :

Laura : Des amitiés homme/femme oui, ça m'est souvent arrivé. La situation finie par être ingérable pour les deux côtés. Des amitiés femme/femme non, rarement. Je ne traîne pas vraiment dans le milieu, donc c'est très rare que ce genre de situations se présentent : et lorsque c'est le cas, j'essaie toujours d'être le plus clair possible émotionnellement.

Anne B. : J'ai rompu beaucoup trop d'amitiés pour cette raison. Non pas parce que je ressentais de l'amour pour mes amis, mais parce que mes amis, lesbiennes ou hommes hétéros, finissaient par m'avouer leurs sentiments profonds à mon égard. J'ai eu beaucoup de mal à rompre ces amitiés, mais je n'avais pas le choix et aujourd'hui d'ailleurs, je n'ai plus vraiment d'amis pour cette raison. Avec le temps, j'ai compris pourquoi ça arrivait presque coup sur coup avec tous les hommes que je rencontrais ou les amies lesbiennes que je voulais avoir : quand on n'a pas d'attirance pour une personne avec qui on s'entend bien, il est facile de tomber le masque, d'être vraie, entier, sans retenue. Ces amis que vous fréquentez pensent alors qu'ils ont l'exclusivité de vous voir réellement telle que vous êtes, vraie, ce qui n'est pas faux dans un sens, mais ils supposent aussi que vous vous comportez ainsi avec elles ou avec eux parce qu'ils se sentent privilégiés et s'inventent un lien invisible entre vous.

Sand R. : Non ça reste de l'amitié. Je ne mélange pas tout. Je préfère être claire que de me mettre dans des situations ambigües qui peuvent poser des problèmes à cause d'une mauvaise interprétation.

Christelle C. : Oui, plusieurs de mes amis m'ont fait comprendre que ma meilleure amie avait des sentiments pour moi et je ne la voyais pas autrement que comme ma meilleure amie. Je ne voulais pas les croire au début, mais je me suis rendu compte qu'ils avaient raison alors j'ai dû prendre mes distances même si ça me faisait mal.

Arielle L. : Ça ne m'est pas arrivé avec des filles, mais avec des amis oui. Pourtant ils étaient prévenus que j'étais lesbienne. Amitié rompue, car trop de "de toute façon j'y crois pas une seconde que t'es lesbienne", "Et puis qu'est ce que tu fais avec cette meuf ?" Aucune conquête ne trouvait grâce à ses yeux. Jalousie pure.

Patricia P. : Non. Si elle tombe amoureuse, je suis claire et lui fait comprendre qu'on se connaît trop bien. Et si c'est moi, je me ralentis seule. Ça m'est arrivé.

Emmeline M. : Oui malheureusement souvent même, et je m'aperçois donc que ce n'était pas de l'amitié, mais de la séduction déguisée !

Nathalie G. : Pas de manière franche, mais j'ai plusieurs fois dû prendre mes distances avec des filles qui ne me plaisaient pas, mais qui avaient des vues sur moi. Cette situation me mettant mal à l'aise j'ai évité de rappeler, refuser des sorties, jusqu'à perdre le contact...

Sweeth E. : Je suis en train de le vivre. Une bonne amie à moi m'a révélé ses sentiments pour moi dernièrement et pour le moment nous faisons une pause...

Angélique R. : J'ai pris de la distance par peur de mes sentiments pour l'autre qui commençaient à être confus, oui... Mais sans que l'autre ne s'en rende vraiment compte...

Marie-Ève S. : À 10 ans j'étais proche d'une amie. Rapidement, j'ai compris que je ressentais quelque chose de plus fort que de l'amitié. J'étais jeune et je ne connaissais pas vraiment l'homosexualité. Confuse, j'ai parlé de ce que je ressentais à ma mère et elle m'a expliqué que certaines personnes étaient attirées par les gens du même sexe. J'ai tout de suite refusé cette option en pensant qu'être différente faisait de moi une mauvaise personne. À 14 ans, j'étais plongée dans une dépression profonde et j'étais toujours très amie avec la fille dont j'étais amoureuse. D'un coup, j'ai associé tous mes sentiments négatifs à cette fille et j'ai rompu tout contact sans l'avertir. C'est ce réflexe inconscient qui a complètement gâché mon amitié avec elle. C'est seulement quatre ans plus tard que j'ai fini par lui dire ce qui s'était réellement passé, la pauvre !

L'Amour lesbien

L'amour a de nombreuses définitions. L'amour d'une mère, d'un parent, d'un enfant, l'amour divin, l'amour de soi, autant de notions qui définissent notre rapport avec les gens qu'on aime. Mais l'amour d'une amante, d'une femme, de celle qui hantera votre esprit au premier regard et qui élèvera peut-être vos enfants, quel est-il ?

Il ne faut pas confondre amour et passion. La passion est destructrice. C'est un feu souvent éphémère qui vous brûle, vous empêche de dormir, de manger, de penser, de vaquer à vos occupations habituelles – *c'est d'ailleurs ce qu'on ressent quand on se fait quitter, voir les chapitres plus loin*. La passion peut détruire les plus réfléchies, logiques, intelligentes d'entre nous. Sans maîtrise, la passion peut nous consumer, nous faire perdre le sens des réalités et pousser certaines personnes à des excès destructeurs.

Cet amour est atrocement sublime et délicieusement difficile à vivre. Quand la flèche de Cupidon se plante ardemment dans votre cœur, que vous tombez amoureuse, votre vie bascule ! Vous le sentez au fond de vous-même, de vos tripes, de votre âme, vous avez l'impression de devenir dingue.

Quand on tombe amoureuse, les symptômes sont clairs :

• **Vous vous sentez incapables de travailler** et de vous concentrer sur vos tâches quotidiennes, privées ou, pire encore, professionnelles. La femme que vous aimez hante votre esprit du matin au soir, y compris la nuit, et vous n'avez goût à rien si ce n'est, passer du temps avec elle.

• **Vos battements de cœur deviennent complètement irréguliers** à la pensée de la femme aimée ou quand vous lui faites face. Vous n'avez d'yeux que pour elle, même votre corps vous le dit et ne vous obéit plus.

- **Vous ne dormez plus**, votre sommeil est fortement troublé dès les premières lueurs du jour quand votre conscient surgit de l'inconscient. Avant même d'ouvrir les yeux, vous pensez à elle, même si elle est endormie à côté de vous. D'ailleurs, il vous arrive de vous réveiller la nuit pour vérifier qu'elle est bien à vos côtés.

- **Vous devenez étourdie, distraite** et oubliez par exemple de prendre votre sac à main alors que vous partez faire du shopping. Et forcément, votre bien-aimée occupe malgré vous la moindre de vos pensées, vos neurones ne répondent plus. Vous arrivez à la caisse et c'est la catastrophe : après avoir rempli votre chariot pendant une heure vous ne pouvez pas payer. L'évidence est flagrante : comment continuez à vivre si elle n'est pas près de vous ?

- **Vous percevez un sentiment inhabituel de jalousie** en voyant votre « douce » parler à une jolie fille ou même à un garçon. C'est plus fort que vous, vous ne vous reconnaissez pas, vous n'êtes même pas en mesure de contrôler ce qui se passe à l'intérieur de vous. C'est là, ça brûle, ça démange, ça énerve. C'est qui cette fille ? Qu'est-ce qu'elle lui dit ? Pourquoi elle lui parle ? Pourquoi elle lui sourit ? Pourquoi elle prend un verre avec elle ?

- **Vous perdez du poids**. Soit parce que vous venez de décider de faire un soudain régime pour retrouver votre silhouette la plus avantageuse, soit parce que vous n'arrivez plus à manger comme à vos habitudes, l'estomac trop serré quand vous savez que vous allez la revoir.

- **Vous êtes épuisée**, parce que vous vous couchez tard pour profiter d'elle, mais étrangement, vous redoublez d'une énergie dont vous ignorez la source dès que vous savez que vous allez la voir.

- **Vous enjolivez tout ce que vous faites ensemble.** Vous écoutez la même musique, vous aimez les mêmes films, vous êtes parties en vacances dans les mêmes pays, vous mangez bio toutes les deux, votre couleur préférée est le noir, et vous vous figurez que tous ces détails sont des signes envoyés du ciel et que votre relation relève du divin ou d'un amour karmique. Vous vous idéalisez mutuellement et sans nul doute, vous êtes faites l'une pour l'autre !

- **Vous devenez aveugle**. Parce que oui, l'amour rend aveugle. À force d'idéalisation, vous ne voulez pas voir au-delà des choses positives. En véritable épicurienne, vous vivez dans une bulle de plaisirs dont vous ne voulez surtout pas sortir, et c'est normal. Seulement, il vous faudra, un jour ou l'autre, vous confronter aussi à vos désaccords, car il en surviendra forcément.

Et qu'arrive-t-il quand vous vous retrouvez devant l'élue de votre cœur avec qui il ne s'est encore rien passé ? Voici d'autres symptômes qui ne sont pas des plus agréables pour certaines :

- **Vous devenez maladroite** et vous avez subitement deux mains gauches. Vous dites des choses alors que vous vouliez en dire d'autres. Vous bégayez, vous sursautez, vous renversez votre verre, vous manquez de trébucher à cause d'un trottoir qui n'avait rien à faire là, bref, les éléments semblent jouer en votre défaveur.
- **Vos joues deviennent roses.** Le corps réagit, il peut vous trahir. Le trac, l'anxiété, provoque une augmentation du rythme cardiaque et dans certain cas, on transpire, on tremble, on bégaye encore, bref, on perd le contrôle de nos sens et plus on s'en rend compte plus notre corps réagit. C'est un cercle vicieux dont vous devez vous sortir, et pour ce faire, il vous suffit simplement de vous calmer et de vous concentrer sur votre respiration. (Facile à dire, je sais...)
- **Vous supposez, vous imaginez, vous vous inventez des histoires, des scénarios, des films entiers, vous vous projetez.** C'est bien connu, l'amour est source d'inspirations. Avant votre premier rendez-vous, vous réfléchissez aux questions, aux réponses des

discussions probables qui pourront suivre avec l'élue de notre cœur. Mise en situation, création de tactiques d'approches, tout doit être réfléchi, mais voilà...

- **Qui dit suppositions, dits doutes et tourments**. Dans les scénarios que vous vous imaginez pour vous rassurer, arrive forcément le moment où l'anticipation de la pire catastrophe, de la pire situation, va vous entraîner dans une spirale de stress, et de découragement. Si c'est pour vous figurer ou visualiser des moments agréables, ne vous privez pas de vous faire du bien – au risque d'être déçue si ça ne se passe pas comme vous le souhaitez. Mais évitez les scénarios catastrophes au risque d'arriver à votre premier rendez-vous, tendue comme un string !

- **Vous tombez dans le déni et le pessimisme**. Quand vous prenez conscience de tous ces changements dans votre vie et que vos proches, vos amis ou vos collègues vous font réaliser que vous n'êtes plus dans votre état normal, vous refusez tout bonnement d'être amoureux. Vous résistez, vous vous opposez, vous ne voulez pas et ne pouvez pas vous engager. Après tout, les vacances d'été sont déjà bouclées avec les copines, maman vient passer un mois de vacances à la maison, ce n'est ni le bon moment ni la bonne personne... Puis soyez réaliste : cette fille trop canon pour vous qui vous empêche de dormir n'a rien en commun avec vous – *et forcément, parce qu'elle vous déstabilise.* Le challenge semble trop compliqué à relever. Vous avez peur, vous craignez d'être rejetée, et même si ça marchait, ça finirait... Vous voyez tout en noir et vous avez tort !

Arrêtez, appuyez sur pause, effacez tout et recommencez ! Dans la réalité, tout ça n'arrivera probablement pas. Que vous réfléchissiez éventuellement aux différents sujets que vous voulez aborder est une chose, mais ne vous lancez pas dans des monos dialogues imaginaires dignes d'une pièce de théâtre dramatique qu'on pourrait nommer l'*Amoureuse imaginaire.* Dites-vous plutôt que s'il faut, la fille de vos rêves est dans le même état que vous ! Ce n'est pas pour rien si elle a accepté un rendez-vous. Souvenez-vous de cette définition de l'Amour d'Ambrose Bierce : "*mot en cinq lettres, trois voyelles, deux consonnes et deux idiots*".

Mais l'amour, ce n'est pas seulement ces états presque traumatiques qui bouleversent notre vie au début d'une relation. Quand les symptômes se disperseront, que l'amour sera – *je l'espère pour vous* – présent dans votre vie, que vous serez plusieurs années avec votre moitié et que vous regarderez vos débuts d'un œil objectif, vous constaterez combien l'amour vous a parfois rendue adorablement bête. Vous verrez que cet amour, avec un grand A, vous a fait perdre la tête, le sens des valeurs et des priorités. Vous aurez probablement le souvenir d'avoir raté une ou deux journées de travail pour rester au lit avec votre tendre moitié, vous vous souviendrez de vos excès de cadeaux, de zèle, de sport, de restaurants, de ce moment où vous avez compris qu'elle était la femme de votre vie.

Si vous avez consommé avec modération la passion qui précède l'amour, alors le feu amoureux s'apaisera et continuera de vous réchauffer pour atteindre un équilibre idéal dans votre relation. Vous sentirez que cet amour n'est autre qu'un sentiment de paix, d'accomplissement, d'apaisement et de tranquillité. Quand on aime et qu'on mesure la réciprocité de l'amour, on est bien, en confiance, sécurisé. Sans réfléchir, on a la certitude inexplicable d'être au bon endroit, au bon moment, avec la bonne personne qui n'est autre que l'être aimé. Il n'y a ni doute, ni question, ni peur, ni angoisse. On aime ce qu'on n'aimait pas, on devient plus tolérant, patient... L'amour devient le vecteur de tout ce qui est positif, de tout ce qui vous aidera à vous construire et à bâtir un futur serein avec votre moitié. Quand on se nourrit d'amour, tout devient possible, facile et évident...

Comment reconnaître la femme de votre vie ?

Ce n'est pas un mythe ou une légende. La femme parfaite qui **vous** est destinée à **vous** et rien qu'à **vous** existe. Vous ne l'avez simplement pas trouvée ou rencontrée et ce n'est pas en restant tranquillement assise dans votre lit à lire ce super bouquin, que vous ferez sa connaissance. Désolée, mais elle ne viendra pas non plus taper à votre porte...

Non, non attendez... Ne fermez pas le guide tout de suite, attendez au moins de terminer, au moins, la lecture de ce chapitre !

En fait c'est très simple : trouver la petite amie idéale, c'est trouver celle qui vous acceptera comme vous êtes et que vous accepterez comme elle est. La "bonne" petite amie sera celle à qui vous aurez envie de faire une place dans votre vie, dans vos habitudes, dans vos armoires et vos tiroirs. Quand vous aurez trouvé "la bonne", vous pourrez envisager un futur lointain, très lointain et vous figurez avec elle toute vieille et rabougrie. Ce sera elle la femme parfaite.

Comment reconnaître la femme parfaite ? Toutes les lesbiennes et les hommes, seront d'accord sur plusieurs points : La femme parfaite est belle, intelligente, calme, douce, gentille, patiente, cultivée, tendre, câline, cordon bleu, femme d'intérieur, ambitieuse, mère idéale. La femme parfaite doit vous surprendre, savoir s'habiller avec goût, sentir bon, avoir une haleine impeccable dès le réveil, y compris son brushing, savoir faire la cuisine comme personne, rentrer de son travail pour vous soigner quand vous êtes malade, vous faire un cadeau toujours plus beau chaque année pour votre anniversaire ou Noël, vous offrir des fleurs ou des bijoux pas seulement le jour de la Saint-Valentin, en clair, la femme parfaite est la perfection incarnée et représente tout ce que vous avez toujours cherché sans espérer le trouver ! Désolée de vous l'annoncer, mais ce modèle n'est plus en stock. Cette femme-là – quand bien même aurait-elle un jour existé – n'existe plus ou pas, et aucune femme ne répondra à tous ces critères simultanément selon votre bon plaisir. Alors, revoyez vos exigences ! La femme parfaite ne sera pas celle qui aura toutes les qualités du monde, mais celle dont vous aimerez autant les qualités que les défauts parce que nous avons toutes et tous les défauts de nos qualités. Vous ne pouvez pas reprocher à une femme très ordonnée d'être maniaque. Vous ne pouvez pas reprocher à une femme honnête de dire toujours la vérité ou ce qui lui passe par la tête. En clair, vous ne pouvez pas avoir le beurre, l'argent du beurre et la crémière en même temps ! Alors si vous trouvez une petite amie qui vous supporte avec vos qualités et vos défauts, faites de même, mais surtout, au grand jamais, n'essayez de la changer ou de prendre le contrôle sur elle pour faire d'elle la femme que vous voulez qu'elle soit, vous la perdriez.

Le fait est – et soyons réalistes – les filles c'est chiant... alors, imaginez deux filles ensemble, vingt-quatre heures sur vingt-quatre, dans le même appartement, dans la même voiture, dans le même avion à destination de vos prochaines vacances ! Peu importe qu'une soit plus tomboy[3] que l'autre, que les deux soient des filles féminines jusqu'au bout des ongles ou masculines jusqu'au bout des baskets. Une fille, ce n'est pas simple à gérer, demandez à vos parents... Une fille ça veut... ça ne veut plus... ça aime, ça n'aime plus ! C'est capricieux et fier de l'être.

Du coup, définir ou décrire la femme parfaite, celle qui sera faite pour vous, est une question à laquelle il est quasi impossible de répondre puisque subjective à chacune. Les critères des unes seront différents des critères des autres et à la question : comment savez-vous que c'est la femme de votre vie" ?

Voici vos réponses :

Mélanie K. : On ne peut jamais être sur de rien, mais le temps passe et on rigole toujours autant, on partage les mêmes idées, on construit des projets... On n'imagine pas la vie sans l'autre... Enfin voilà, peut être que ma chérie Emily pourra vous donner sa vision aussi.

Aude M. : Quand je pense à l'avenir, l'idée qu'elle ne soit pas auprès de moi pour le vivre me paraît

---

[3] Garçon manqué

invraisemblable.

Anne B. : Je l'ai su au premier regard, aux premiers mots échangés. J'avoue que j'ai une très grande intuition pour ce genre de choses, que ce soit en amour ou en amitié d'ailleurs. Je sais très vite sentir les gens et davantage quand il s'agit de relations amoureuses. En quelques mots, quelques gestes, quelques regards, je l'ai reconnue et j'ai aussi deviné que notre relation serait à la fois facile et compliquée parce que ma petite femme et moi avons toutes les deux un caractère difficile et très autoritaire. Je sais que c'est elle parce qu'elle me complète. Elle est mon tout, mon moi, mon équilibre, ma paix intérieure. Elle est la seule qui m'apaise. Quand je suis dans ses bras, je me sens en sécurité, même si c'est un tout petit bout de femme, plus petite que moi. Chaque fois que je la regarde, je sais, avec conviction, qu'il n'y aura qu'elle.

Mauvee : En fait, je crois que toutes les relations sérieuses passées, actuelles et futures le sont. Je m'explique : Lorsqu'on se met en couple et voulons que ce soit sérieux, qu'on envisage de passer notre vie avec elle, on se dit que c'est la bonne personne, et à ce moment elle l'était. Mais on n'a pas le contrôle sur ce qui va suivre. Mais à ce moment, on croyait fermement que c'était la bonne, car toutes les raisons sont bonnes pour l'aimer. Autant les bons côtés que les moins bons... En gros, c'est mon avis, et finalement, si elle m'endure autant avec mes défauts que mes qualités : c'est LA femme!

Nancy : Le grand amour c'est quand l'âme reconnaît son reflet conforme chez un autre être.

Emmeline : Quand, même après le pire, on peut croire au meilleur et rêver encore... Quand un matin le soleil ne se lève plus, mais que quelque temps après, quand elle ouvre les yeux le monde s'allume à nouveau... Quand, suite à une dispute tu t'en veux de la trouver belle et de pardonner... Quand elle rit et que tu as la sensation d'avoir gagné à un jeu d'argent avec cette montée d'adrénaline et cette euphorie très caractéristique. Quand, en se brossant les dents, tu as la sensation qu'elle souhaitait brosser la totalité de ses joues. Quand elle tombe et que tu peux rire. Quand tu choisis sa pizza, parce que tu connais ses goûts et qu'elle peut arriver et juste se poser et manger. Quand elle a du maquillage partout version pierrot la lune et que, malgré ça tu la trouves cute[4]! Quand elle regarde ce que tu considères comme des bêtises, à la télévision, et que tu penses que c'est son anti dépresseur, alors tu lui demandes : "pourquoi Marc couche avec Kelly" "qui est la sœur jumelle de sa femme Djen"... Enfin je crois que c'est un peu de tout ça

---

[4] "Jolie" en québecois

et plus encore !

Mélanie F. : Au premier regard j'ai su ! Même mon âme l'avait reconnue ! Quand l'amour est réciproque et qu'il grandit chaque jour.

Steph F. : C'est la seule près de qui je veux m'endormir et me réveiller, la seule qui me donne vraiment envie de me projeter dans l'avenir. Je sais que c'est ELLE parce qu'absolument tout chez elle me fait craquer, même ses p'tits défauts deviennent attendrissants. Elle est la seule avec qui je me sente bien, et avec qui j ai envie de faire tout un tas de trucs. Ça va faire 7 ans que je suis sur un p'tit nuage tout blanc et douillet et même en cas d'orage quand il y a des disputes, des clashs et tout ce que vous voulez. Je ne vois pas ma vie sans elle parce que je sais que pour une journée d'orage on a un mois de soleil. Voilà comment je le sais, je ne pourrai pas expliquer longuement le pourquoi du comment, mais je sais que ma chérie est la femme de ma vie, je le sens et le sais au fond de moi.

Chloé R. : C'est la bonne personne quand tu penses tout le temps à elle, dès que tu la vois, tu souris comme une idiote. Tu ne peux pas être fâchée contre elle bien longtemps, dès que tu es avec elle ton cœur bat la chamade, si elle vous parle vous touche la main ou le bras on fait un mini arrêt cardiaque. On s'invente des projets, un mot, une phrase, une image, un rien nous fait penser à la personne qu'on aime. On veut toujours passer du temps avec elle, on lui offre des cadeaux... On ne peut arrêter de penser à la personne qu'on aime.

Lilith MF. (Leila) : Je pense qu'au départ on ne le sait pas forcément, je pense qu'on le découvre en même temps que l'on découvre cette personne... Lorsqu'on apprend à aimer ses défauts, lorsqu'on apprend à aimer ses sourires et ses mauvaises humeurs, son rire et ses pleurs, ses colères et ses tristesses. C'est lorsque sa jalousie vous fait sourire et que sa peine vous fait mal. C'est la réconforter même lorsque vous n'allez pas bien. C'est l'aimer pour ce qu'elle est et ne pas tenter de la changer.

Oh MyGod (Audrey et Sylvie) : Toujours des papillons dans le ventre quand on y pense, quand je la vois, même après presque 10 ans de couple... Qu'importe là où la vie nous mène, on ne sait peut-être pas où on va, mais on y va ensemble, toujours... Chaque moment passé avec elle est toujours plus magique et intense, alors qu'en son absence, tout se fait terne et fade... On s'est trouvé, telles des Âmes sœurs, ce sentiment de se sentir enfin complètes. Tellement différentes et pourtant tellement complémentaires. She's the only one![5]

114

Alex M : Quand on est complémentaires, que nos envies et nos réflexions se rejoignent. La différence peut également être une source de richesse.

Arielle L. : Je n'en sais rien, ça fait 6 ans qu'on ne se pose pas de questions. Je sais juste que lorsque j'ouvre les yeux j'aime la voir, que je m'accommode parfaitement de ses défauts les plus irritants. Que j'aime me lover dans ses bras comme elle se love dans les miens. J'aime l'embrasser, rire avec elle et son regard choqué quand je lance des mots Gore. J'm'imagine pas sans elle, je nous vois déjà vieilles, ridées et toujours complices. Enfin voilà, j'en sais rien, mais je sais qu'il n'y a qu'elle.

Des mots différents pour exprimer une seule et unique émotion : **L'amour inconditionnel de l'autre**.

Plusieurs mots clefs ressortent du sondage et si vous vous demandez comment savoir si celle que vous aimez est la femme de votre vie, lisez le point suivant.

Les 16 signes que c'est ELLE !

Lisez attentivement les points qui suivent et

---

[5] Elle est la seule

vous permettront de savoir à coup sûr que vous êtes tombée sur la fille qu'il vous faut :

1.   **Vous êtes complémentaires.** On dit que les opposés s'attirent, mais on peut aussi se ressembler sur beaucoup de points, et être complémentaires sur d'autres. Elle aime passer des heures dans la cuisine, vous aimez prendre soin de votre maison. Elle est plutôt anxieuse, nerveuse et angoissée, vous êtes calme, sereine et vous savez quand la rassurer...

2.   **Vous êtes connectées.** Vous dites, pensez les mêmes choses au même moment. L'une appelle l'autre alors que l'autre s'apprête à le faire. Vous vous écrivez les mêmes messages, vous avez la même envie soudaine de Merguez à la moutarde...

3.   **Vous n'avez aucune gêne quand vous êtes ensemble.** Vous vous sentez libre d'être vous même, sans masque, sans maquillage, ni artifice, nue ou habillée. Vous ne craignez pas de vous dévoiler, d'aborder tous les sujets qui vous passent par la tête, vous pouvez ouvrir votre cœur sans jamais être jugée ou accusée. En tout temps, vous êtes spontanée...

4.   **Vous avez envie de revivre toutes vos premières fois avec elle et seulement elle**. Premier voyage au Mexique, premier tour en jet ski, premiers feux d'artifice, première balade au parc, premier restaurant chinois...

116

5. **Vous sentez quand elle va mal.** Elle n'a pas besoin de vous le dire, pas plus que vous ne lui dites. Un regard, un haussement d'épaules, les mots n'ont parfois aucune utilité entre vous, vous vous connaissez par cœur.

6. **Vous vous sentez comprise** sans être obligée d'entrer dans les détails d'un argumentaire périlleux. En quelques mots, ou parfois en un regard, elle sait comment vous vous sentez, ce que vous pensez.

7. **Vous n'avez plus envie de regarder ailleurs.** Aucune autre femme ne lui arrivera à la cheville de toute façon.

8. **Vous voulez la présenter à vos parents** parce que vous savez qu'elle a tous les atouts pour leur plaire et vous en êtes plus que fière – surtout si vos parents s'imaginaient qu'aucune fille ne vous supporterait ou ne serait assez bien pour vous. Et toc !

9. **Vous avez les mêmes ambitions, les mêmes projets.** Changer la voiture, acheter une maison, faire un bébé, prendre une année sabbatique pour faire le tour du monde... Vous avez envie de partager tous vos grands projets à long terme avec elle et personne d'autre qu'elle. Vous avez envie de vous construire ensemble, d'avancer ensemble. Vous ne voyez plus les choses d'un seul angle, mais vous les envisagez tous, avec elle.

10. **Vous n'imaginez pas votre vie sans elle.** Sortir seule, dormir seule, manger seule,

respirer seule, tout ça n'a plus le moindre sens pour vous. Quoi que vous fassiez, pensiez, vous le pensez toujours pour deux.

11. **Votre couple a du sens et rien d'autre ne compte.** Tout ce qui est en dehors de votre nid douillet, de vos projets avec elle vous semble moins intéressant, moins excitant sans elle. Vous n'être plus une, vous êtes deux, quoi que vous fassiez.

12. **Elle vous manque dès qu'elle s'absente.** À peine sort-elle du lit pour aller aux toilettes, vous vous surprenez à lui demander où elle va. Une journée sans elle et vous vous sentez nerveuse. Deux jours sans elle, l'angoisse totale. Trois jours sans elle, vous manquez d'oxygène, quatre jours sans elle, vous en crevez !

13. **Vous avez toujours besoin de vous toucher**. Au restaurant, dans la rue, au parc, sur le canapé ou au lit, vous avez toujours une main sur elle et elle a une main sur vous. Vous ne vous en rendez même compte, mais vous avez besoin de ce contact physique !

14. **Vous avez confiance en elle et elle vous donne confiance en vous.** Ni doute ni crainte. Vous ne vous posez pas la moindre question quant à ses sentiments à votre égard. Vous avez confiance ! Et elle à vos côtés, plus rien ne vous arrête, vous êtes prête à conquérir le monde.

15. **Vous aimez ce que vous n'aimez pas !** Et la chanson "<u>Je vous aime</u>" de Zazie explicite

très bien cette vérité. Vous ne prêtez plus d'attention à toutes les petites choses qui vous agacent habituellement. Tout ce que vous êtes, ce que vous faites, ce qui vous entoure, toutes ces choses de votre vie autrefois en noir et blanc prennent enfin des couleurs.

16. **Vous n'avez plus de doute, vous ne vous posez aucune question.** Tout est clair, évident. Avec les autres, vous vous preniez la tête, avec elle, tout devient facile

J'ai récemment lu une magnifique déclaration d'amour sur le Facebook de deux jeunes femmes d'environ 28/30 ans, en couple depuis une année où l'une a écrit – je cite de mémoire : "*Voici un an que nous sommes fiancées, merci de m'aimer encore aujourd'hui pour ce que je suis et aussi pour ce que je ne suis pas.*"

Voilà comment quelques mots peuvent définir ce qu'est l'amour avec un grand A. Aimer, c'est simplement accepter et respecter l'autre.

Tomber amoureuse d'une hétéro

Vous tombez sous le charme de votre meilleure amie, de votre collègue, de votre voisine. Vous sentez qu'il y a quelque chose, mais les seuls éléments probants qui ressortent de vos conversations sont ses déboires avec ses ex. petit-amis. Elle n'est pas lesbienne, c'est clair et net et pourtant... votre sixième sens serait-il à ce point embrumé par vos sentiments à son égard ? Peut-être, ou peut-être pas.

Nombre de lesbiennes vous diront – ou se vanteront – d'être sorties ou d'avoir couché avec une hétéro voire plusieurs. Je peux même vous dire que certaines considèrent cette activité comme un sport à plein temps et en font une véritable collection.

Le fait est que, parmi les hétéros, il y a trois catégories de femmes :

• Celles qui se considèrent comme bisexuelles et pour qui le monde est un vaste terrain de jeu où elles butinent les jolies fleurs qu'elles croisent, peu importe leurs parfums,
• celles qui se considèrent comme hétérosexuelles, mais qui, ouvertes d'esprit, souhaitent avoir une aventure, ou plusieurs, avec une femme ou plusieurs, pour élargir leurs horizons et vivre de nouvelles expériences sexuelles,

- celles qui se considèrent comme cent pour cent hétérosexuelles et qui, un jour, sans savoir pourquoi, peuvent tomber amoureuses d'une femme et envisager une vie de couple avec celle-ci sans se considérer comme lesbienne.

Quelle que soit la sexualité affirmée de l'hétérosexuelle — ou bisexuelle — avec qui vous souhaitez sortir ou sortirez, ne vous posez pas de question et vivez simplement ce que vous devez vivre avec cette personne. Aussi, n'écoutez pas celles et ceux qui vous conseillent de fuir les bisexuelles. Bi ou non, hétéro ou non, vivez ce que vous avez à vivre à cent pour cent, car ce sont toutes vos expériences qui vous rendront plus riches et plus conscientes de ce que vous attendez d'une relation stable et équilibrée.

La vie en couple

Il y a les couples qui durent et ceux qui ne durent pas. Jusque là, rien d'extraordinaire, il en va de même chez les gays et les hétéros. Quelle que soit notre orientation sexuelle, notre âge, opter pour une vie à deux exige de relever des défis qui ne sont pas simples à gérer, davantage quand on est lesbienne et davantage quand on n'a jamais vécu à deux. La vie en couple, c'est beaucoup d'amour, beaucoup de don de soi, de partage, d'acceptation de l'autre aussi bien de ses qualités que de ses défauts. Mais pour qu'une vie en couple fonctionne, encore faut-il être en mesure de garder sa petite amie et de ne pas faire d'erreur qui pourrait l'inciter à partir !

Comment garder votre petite amie ?

Voici vos réponses :

Mélanie K. : Pour qu'un couple reste viable et soudé, il faut garder en tête que l'autre ne sera jamais parfaite et que tu n'es pas parfaite, il faut faire des concessions, accepter les défauts de l'autre comme elle doit accepter les tiens... Et surtout, la base de la base, il faut COMMUNIQUER!!! Ne pas garder des rancœurs non dites... Il faut toujours tout essayer... Aujourd'hui les gens vivent leurs relations comme ils consomment, un objet est défectueux, on le jette et on en achète un nouveau... Moi j'essaie de réparer d'abord. Voilà pour mon avis !

Nancy B. : Tout est dans la loyauté et l'intégrité des deux personnes! Ajoutez une petite touche de folie et une pincée de fous rires agrémentés de communication ! Car on le sait toutes : entre ce que l'on dit, entend et comprend, il y a tout un univers.

Lilith M. : Une réponse complète est très difficile à donner. Un couple peut vivre plusieurs problèmes : jalousie, être trop possessif, manque de confiance, distance ou au contraire trop proche.... Le plus dur à surmonter c'est la jalousie, je pense.

Je ne sais absolument pas comment tous les gérer, je n'ai après tout que 18 ans, mais je me dis que la jalousie peut être comblée par des preuves d'amour inconditionnelles, tout comme la possessivité, la confiance peuvent être restaurées par des actes marquants. Si tu aimes cette personne alors tu feras tout pour qu'elle reste près de toi.

Tuong V. : Je suis en couple depuis quasiment huit ans. La passion fait souvent place à l'amour infini. Au revoir le glamour, ma chérie m'a vue sous mes meilleurs et mes pires jours. On découvre en outre les habitudes de l'autre, ses petits travers. Je dirais qu'on devrait fermer un œil sur les défauts de l'autre et ses propres défauts, car personne n'est parfait. Aimer l'autre, faire attention autant que possible. Nourrir le quotidien de petites attentions, de moments de folies pour qu'elle n'oublie pas qu'elle est spéciale pour nous. Il faut aussi parler autant que possible, car le silence est comme un poison. Ne pas hésiter à parler, mais aussi se laisser du temps et de l'espace. Et bien entendu être le plus honnête possible surtout même si nous ne sommes pas parfaites et pas à l'abri d'une erreur.

Aude M-h : Elle n'est pas parfaite, je ne le suis pas, nous ne nous comprenons pas toujours, parfois les mots dépassent les pensées, mais l'amour qui nous porte fait que nous revenons l'une vers l'autre pour discuter et poser les choses. C'est un travail de tous les jours, rien n'est acquis, je sais que je peux la perdre alors je fais tout pour que cela n'arrive pas. Les concessions, mais aussi les présents simples ou parfois extravagants. Je lui dis mon amour, je lui écris mon manque d'elle et je la laisse vivre sa passion même si ce n'est pas toujours simple pour moi. La vie quotidienne n'est pas évidente, il faut y travailler tous les jours !

Véronique S. : Chacune doit avoir son territoire en cas de conflit ou mauvaises journées ou tout simplement pour se recueillir. Les terrains neutres servent, soit de terrain de discussions, de partage, et les terrains d'amour servent à l'amour !

Élodie L. : L'amour est basé sur la confiance, le dialogue et la fidélité. On apprécie une personne pour ses qualités, mais on l'aime pour ses défauts.

Elia H. : S'octroyer des moments à deux. Avoir des gestes tendres l'une envers l'autre. Raviver la flamme quand la routine prend le dessus. Voir ses yeux me regarder avec amour alors que la journée de travail a été dure, que les enfants en crise d'adolescence nous en font voir de toutes les couleurs. Toutes ces choses de la vie qui rendent notre couple plus fort et nous guident sur le même chemin et le même combat. La vie et surtout l'Amour. Il n'y a pas une journée où je ne lui dis pas "je t'aime". Nous affrontons les choses à deux et les vaincrons toujours à deux. Notre amour est notre force.

Kaitlyn T. : Ne jamais prendre l'autre pour acquis... Pour ma part, il est important de conquérir ma conjointe chaque jour, de donner de petites attentions régulièrement, se donner du temps pour se parler et s'écouter, lorsque l'autre émet un commentaire ou une opinion il ne faut pas se sentir attaquée, mais plutôt voir ça comme une chance d'échanger sur un sujet... Donner de l'intérêt à l'autre et de lui démontrer qu'elle est intéressante. Développez une complicité dans la vie au quotidien et j aime que l'humour soit au rendez-vous. Je crois qu'il est aussi important de faire attention à ce qu'on projette comme image. J'adore trouver ma conjointe belle et j aime sentir qu'elle me trouve belle. On doit prendre le temps de découvrir le corps de l'autre, le toucher, le goûter, le savourer et surtout ne pas avoir peur avoir d'exprimer nos désirs... Pour ma part explorer de nouvelles choses fait en sorte que la routine prend peu de place. Mais je crois que d'abord et avant tout, il faut se respecter et se donner du temps d'adaptation....

Sylvie C. : Le secret pour rester ensemble ? À vrai

dire pour moi il y a plusieurs paramètres. Le premier, est de pouvoir être soi-même, car si l'on n'est pas soi, il arrive un moment où on ne peut plus continuer. Le deuxième, je dirai, rester libre, sans jalousie et dans la confiance. Nous sommes libres de faire des choix que ce soit dans la fidélité ou bien professionnellement. Mais nous savons aussi que la confiance de l'autre est fragile. Inconsciemment, je pense que les gens qui s'entendent dire souvent l'interdit n'ont presque qu'une envie : franchir la ligne. En troisième, je dirais : savoir surprendre l'autre même après des années. Il est important de ne pas laisser la monotonie s'installer. En quatrième, pouvoir partager un minimum avec l'autre. Sport, septième art, voyage ou autre. En cinquième : prendre soin de soi et arriver à être toujours désirable... Le laisser-aller c'est quelque chose de dangereux. En sixième, il faut surtout aimer la personne et ne pas confondre l'amour avec la dépendance affective, être heureux seul pour être heureux à deux...

Yhzpoe F. : Il faut être à l'écoute de son partenaire, et surtout avoir confiance en soi pour pouvoir avoir confiance en l'autre. Je pense que les couples où il y a beaucoup de confiance et peu de honte sont ceux qui vivent le moins de peurs : comme l'un se dévoile à l'autre, il n'y a pas lieu d'avoir de doutes ni rien...

Candy M. : Je pense que même si nous sommes en couple il faut laisser à sa partenaire une certaine liberté afin qu'elle ne se sente pas emprisonnée. Il faut lui accorder une certaine confiance afin qu'elle puisse faire ses choix en tout état cause.... Je pense qu'il faut aussi avant tout, respecter et accepter l'autre pour ce qu'elle est et prendre la personne dans son entièreté avec ses bons, mais également ses mauvais côtés (n'oublions pas que personne sur terre n'est parfait et que l'amour lui-même est la chose la plus imparfaite qui puisse exister). Pour finir je dirai qu'il faut entretenir cette petite flamme qui brille au fond de soi pour l'être aimé et qui, un jour, vous a fait prendre conscience que sans elle vous n'êtes rien, que c'est avec elle que vous voulez construire et profiter d'un avenir commun, que cette même personne vous complète et que vous seriez prête à tout pour elle... Bref ! pour moi, pour sauvegarder son couple il faut savoir rester soi-même tout en acceptant le fait que l'on peut perdre l'autre à tout moment et que c'est pour cela qu'il faut lui prouver qu'on l'aime et la surprendre chaque jour sans pour autant tomber dans la niaiserie.

Arielle L. : Nous, nous avons pris le parti de ne pas considérer notre couple comme quelque chose d'acquis. Depuis 6 ans c'est comme ça, au départ on ne faisait même pas de projets sur le long terme parce qu'on ne savait pas si l'une ou l'autre n'allait pas trouver mieux ou trouver l'autre invivable ou simplement se lasser. D'ailleurs, au tout début, c'était un plan cul – oui, oui c'est pas mignon, et je cherche encore l'histoire romantique à raconter à nos enfants sur notre rencontre – et je lui avais dit : "On est plan cul, tu es mon jouet, et je suis le tien. Peut-être que demain je ne t'appellerai pas, et qu'on ne se verra plus. Ça te va?" Après tout, tout se consomme / se consume de nos jours et l'amour aussi. Au départ, j'ai pris le parti d'être très claire avec elle – je sortais d'une relation passionnée qui m'avait démolie – je ne suis pas du tout jalouse, alors ça a été assez simple pour moi de lui laisser tout l'espace dont elle avait besoin. Et je pense que grâce à ça – en partie hein, je suis aussi drôle et je fais très bien la mignonne naïve – elle s'est sentie bien avec moi. Ça compense avec mon manque cruel de romantisme. Bref je pense que notre recette, c'est de se faire confiance et de mériter la confiance de l'autre. Et puis d'être sûre au fond de soi que l'autre ne nous appartient pas, et qu'il faut sans cesse se renouveler, se surprendre. Que l'on soit romantique ou pas. Ça fonctionne pour nous en tout cas.

Mauvee B. : Premièrement, il faut garder en tête qu'il n'y a pas que le couple qui est au centre de la relation. Pour le figurer, un peu imaginer la petite phrase mathématique suivante : 1 + 1 = 3. Le total est de trois, car vous trouvez deux personnes à part entière ainsi que le couple. Donc s'il y a respect de ce que chacune d'elles est, ou ce qu'elles aiment, et évidemment qu'elles ne s'oublient pas au profit du couple, cela permet de maintenir un couple en santé. Deuxièmement, la communication ! Pouvoir dire ce qui nous dérange, nous accroche sans avoir peur de la réaction de l'autre (il faut juste choisir le bon moment parce que, fait sous le coup de la colère, il est rare que le message passe bien). Mais aussi dire ce qu'on aime, ce qu'on apprécie chez notre compagne, que les petits gestes qu'elle fait soient reconnus... Bref la communication ne sert pas juste à dire les choses négatives, mais aussi des positives, et on a tendance à l'oublier. Sur ce, je ne poursuivrai pas mon roman, car je ne ferais que répéter ce que d'autres ont dit.

Les mots clefs du couple fonctionnel :

Les trois mots clefs du couple qui fonctionne sont : communication, confiance, honnêteté. Simple à retenir n'est-ce pas ? Alors, parlez, n'attendez pas que vos doutes, vos craintes ou vos peurs prennent des proportions incroyables et vous parasitent le cerveau. Semer une graine de doute dans votre tête et la garder des jours, des semaines durant, et vous vous retrouverez avec un arbre difficile à déraciner ! Parlez calmement à votre amante de vos tracas, quels qu'ils soient. Qu'il s'agisse de son collègue de travail qui la drague ouvertement devant vous, qu'il soit question de la soirée d'anniversaire de sa meilleure amie à laquelle vous n'avez pas envie de vous rendre, ou encore du budget du changement des pneus de voiture... parlez ! Sans communication, l'esprit va naturellement faire des suppositions et vous empêcher de voir une vérité pourtant simple.

Appliquez les Accords toltèques[6]. Et je vous dirai même plus, faites-vous ce cadeau : achetez le livre des "Quatre accords Toltèques" de Don Miguel Ruiz, et lisez-le à deux. C'est une œuvre qui vous changera la vie, assurera la pérennité de votre couple et de toutes vos relations avec les personnes de votre entourage grâce à quatre règles simples qui pourront être appliquées en toutes circonstances :

— **Ne faites pas de supposition** : cessez de supposer ce que votre amante a dans la tête,

---

[6] "Les quatre accords Toltèques" de Don Miguel Ruiz est disponible sur Amazon.

cessez de vous persuader de savoir ce qu'elle pense. Vous n'êtes pas dans son esprit, vous ne pouvez pas deviner ses intentions même si vous êtes persuadée de la connaître par cœur. Alors, plutôt que d'émettre de fausses hypothèses qui risqueraient de vous contrarier, demandez-lui ce qu'elle pense. Elle n'est pas rentrée à l'heure prévue ? Ne vous imaginez pas qu'elle a une amante, qu'elle s'est arrêtée prendre un verre ou qu'elle est allée faire du shopping sans vous avertir. Posez-lui la question et elle vous répondra simplement qu'il y avait trop de trafic ou qu'un accident a ralenti la circulation. Fin des doutes, fins des craintes, fins des suppositions, fins de vos angoisses, une bonne dispute d'évitée, ouf... !!

– Ne prenez pas les choses personnellement : votre chérie rentre énervée. Elle s'en prend à Cerbère le chat dont la litière n'est pas changée, s'agace après la machine à laver qui a rendu l'âme, se plaint à haute voix que la salle de bains n'est pas propre ? Ne le prenez pas pour vous ! Elle a probablement passé une mauvaise journée. Auquel cas, soyez en mesure de calmer ses tourments, ses nerfs. Prenez-lui la main, invitez-la à venir s'asseoir dans le canapé, à prendre un verre de vin avec vous et à vous en parler. Demandez-lui de vous raconter sa journée, de vous expliquer pourquoi elle est tant contrariée. Car si vous ne faites rien, vous avez une chance sur deux que sa mauvaise humeur vous retombe dessus au moindre mécontentement qui sera en rapport avec quelque chose que vous avez fait ou non. Alors un conseil, prenez les devants... et hop ! Une autre dispute d'évitée... ouf !!

– **Faites de votre mieux** : Ne prenez pas sur vos épaules les causes des disputes ou dysfonctionnements de votre couple. Tous les couples ont leurs petits problèmes, leurs petites disputes récurrentes sur les mêmes petits soucis techniques d'une vie à deux : ménage, vaisselle, cuisine, bébé, poubelle, animaux domestiques, mère envahissante ou belle-sœur encombrante. Bref, des petites choses futiles qui, prise une à une dans les bons jours n'ont pas d'importance. Alors quand elles en prennent, faites de votre mieux pour qu'elles restent futiles et n'encombrent pas votre couple.

– **Que votre parole soit impeccable** : par

parole, on entend la façon de parler, de s'exprimer, de communiquer. Ne dites jamais rien de blessant à la femme que vous aimez, ne l'insultez pas, ne la rabaissez pas, et ne lui permettez pas non plus de vous blesser en retour par des paroles qu'elle regrettera. Aimer, c'est se respecter, respecter l'autre par ses mots et ne sous-estimez pas leurs forces et leurs impacts sur vous ou sur les autres. Soyez toujours polie, respectueuse, même quand vous êtes en désaccord ou en colère. Les mots blessent, peuvent être plus violents que n'importe quel coup porté. Ils envahissent le cerveau, l'empoisonnent, y évoluent tel un cancer qui se développera si vous les acceptez. Respectez-vous, ne tolérez aucune injure, aucun reproche, quand bien même ils seraient justifiés, il y a toujours une façon gentille de dire à l'autre que quelque chose dérange.

Deux phrases toutes faites qui ont leur importance : "Vivre et laissez vivre" *(Live and let live)* et "les libertés des uns s'arrêtent là où commencent celles des autres". N'imposez rien à votre amante. Même si elle aime parfois se faire materner, ce n'est plus une enfant et si elle a un tempérament indépendant, vous allez très vite l'énerver. Chez les hétéros, les femmes qui imposent leurs quatre volontés à leur mari sont désignées comme des femmes "castratrices", ce qui veut bien dire ce que ça veut dire. Alors, ne soyez pas ce genre de femme. N'imposez pas ! Proposez. Laissez à votre douce moitié la liberté de refuser ou d'accepter ce que vous voulez faire ou ne pas faire. Ne la blâmez pas quand elle vous refuse quelque chose et assurez-vous qu'elle suive cette même règle avec vous. Elle n'a rien à vous imposer, mais elle peut vous proposer tout ce qui lui fait plaisir. Vous voulez aller au cinéma, mais elle refuse. Proposez-lui un autre jour. Elle n'est vraiment pas emballée par ce film ? Tant pis, vous pouvez aussi en voir un autre. Elle refuse encore ? Dites-lui que vous aimeriez aller le voir avec une amie ou que sinon vous y irez seule.

Ne vous frustrez pas. Ne vous empêchez pas de vivre et de faire ce que vous avez envie de faire parce que votre petite amie refuse de le faire avec vous. Il n'y a aucune loi, aucune règle qui impose à des personnes en couple de TOUT faire à deux ! Si vous êtes capable de repousser l'échéance de l'activité, faites-le, mais sinon, ne faites jamais le sacrifice de vos besoins pour l'autre. Ne vous dites pas "non" pour lui dire "oui". Vous finirez par mal le vivre et, consciemment ou non, vous finirez par lui en vouloir.

Sécurisez votre amante. Les femmes ont peur, c'est un fait, la majorité des femmes a le besoin constant d'être rassurée, encouragée. Une femme veut savoir que vous l'aimez, qu'elle seule compte, que vous serez toujours là pour elle. Quand vous sentez monter la moutarde et qu'une dispute approche, calmez le jeu, prenez votre chérie dans vos bras, effet garanti... et si ça ne fonctionne pas, laissez la tempête passer et dites-lui que vous préférez la laisser tranquille pour ne pas l'énerver davantage en l'attendant dans la pièce à côté ou en partant faire une course.

Ayez confiance. Un couple sans confiance c'est comme une journée sans soleil, un petit déjeuner sans tartine au Nutella ou pire, un Noël sans sapin. En clair, même si ça fonctionne, le tout est fade et sans saveur ! Bien sûr, la confiance se gagne, s'acquiert au fil du temps. Elle est une chose fragile qu'il faut préserver et nourrir au quotidien. Donnez votre confiance à votre amante et faites en sorte qu'elle est confiance en vous. Vous vous assurez de longues années paisibles à vous chérir.

Plaisez-lui, ne vous laissez pas aller. Rien n'est acquis dans la vie. Même si elle vous aime le matin quand vous avez une haleine de chat qui vient de manger un whiskas, que vous êtes décoiffée et que vous avez la trace de l'oreiller sur la joue, ne restez pas en pyjamas toute la journée ou tout le week-end. De temps en temps, d'accord, mais ça ne doit pas devenir une habitude. Faites-vous belle, et cela ne signifie pas se barbouiller le visage de maquillage. Prenez soin de votre corps, de votre peau, de votre garde-robe, de vos dents, de votre haleine, de tout ce qui fait que, quand elle vous voit elle n'a qu'une envie : vous prendre dans ses bras, parsemer votre cou de délicieux baisers et vous câliner.

Tombez les masques, soyez honnête et soyez vous-même : Vous ne pourrez pas indéfiniment lui mentir sur des broutilles du genre : « j'ai voyagé à Tokyo » ou « j'ai un bac+5 en commerce international ». Vous vouliez la séduire, l'impressionner, ok, maintenant il est temps de revenir sur vos petits mensonges si toutefois vous en avez en réserve.

Ne lui reprochez pas aujourd'hui ce pour quoi vous l'aimiez hier. C'est un comble, mais c'est pourtant ce qui arrive neuf fois sur dix au sein des couples dysfonctionnels. Vous aimiez l'honnêteté de votre petite amie, six mois passent et vous lui reprochez de vous dire ce qu'elle pense. Vous adoriez son hygiène de vie, saine et bien réglée, vous lui reprochez d'être trop rigide, organisée ou de se coucher trop tôt. Vous aimiez son côté « coquette », et vous lui reprochez de passer trois heures dans la salle de bains quand elle se fait belle. Vous appréciez sa ponctualité, mais vous êtes lassée qu'elle vous engueule quand vous avez dix minutes de retard pour aller chez vos parents ! Dites-vous bien que chaque personne a les défauts de ses qualités et vice-versa alors cessez vos reproches. Et si malgré vous et vos efforts, certaines choses ne vous paraissent plus tolérables, vous savez ce qu'il vous reste à faire... !!

Comment planter son couple ?

Prenons le contre-pied du chapitre précédent.

Si on se demande comment faire pour ne pas garder votre copine, ou comment faire pour qu'elle vous quitte, peut-être serez-vous capable de la garder ? Qu'en pensez-vous ? C'est un jeu plutôt amusant je trouve.

Voici vos réponses :

Nabiha L. : Appelez-la constamment, fouillez sans arrêt son téléphone portable et son Laptop[7], soyez tout le temps suspicieuse, ne lui laissez aucun répit, reprochez-lui tout le temps quelque chose, mettez-lui la pression lors de rendez-vous, ne la laissez parler à personne à part vous, quittez-la 3 fois voire 5 par jour.

Isabelle RP : Ne jamais penser que tout est acquis : exemple "bannir le pyjama et pantoufle sur le canapé devant la télé quand on attend sa compagne". Si vous voulez toujours plaire, vous êtes mal partie.

Elia H. : La tromper et lui avouer... Je pense que c'est pire que tout.

Emmeline M. : Fouiller dans mon téléphone, regardez le nombre de kilomètres parcourus avec ma voiture, m'imposer des gens, prendre le câble Ethernet de ma box (oui j'ai eu une psycho comme ~~toutes je pense), ne m'accor~~der ni temps ni

[7] ordinateur

attention, séduire ouvertement d'autres jeunes filles. Si avec tout ça elle est encore là appelez le 911

Marion J. : Pour me faire fuir, il faut bien veiller à griller les étapes d'une relation, et/ou de me faire sentir que je suis là pour "remplir une vie" : S'estimer en couple (exclusif) après la première fois, sans en avoir parlé, faire une crise de jalousie au bout d'une semaine, quand je reçois un texto et y réponds, alors qu'au départ, elle ne voulait pas être en couple (oui n'oublions pas les tergiversations conjugales féminines), m'inonder de textos, ou appeler tous les jours, et exiger de même, si ce n'est pas le cas, estimer que je ne tiens pas à elle... Tout cela est très efficace, mais le mieux, cela reste encore de dire amen à tout, être trop disponible pour moi, et tout accepter de peur de craindre un conflit (c'est connu on garde une personne en acceptant tout et en évitant tout conflit), ou alors à l'inverse vouloir établir un "contrat de relation" au bout de 7 jours, ou encore pire, de fouiller mes poches ou de m'interdire de sortir, mais je n'ai jamais eu ce problème, elles se sont permis beaucoup de choses, mais jamais cela.

Aude M-h : Draguer ouvertement une femme devant elle, femme dont elle sait pertinemment qu'elle me plaît, car doucement glissé dans la conversation depuis plusieurs jours, allusions, SMS, appel dans une autre pièce...

Candy M. : Expérience perso : j'ai quitté mon ex par peur d'elle et de ce qu'elle était capable de me faire subir. Elle avait un ascendant sur moi, au point de me faire penser que sans elle je n'étais qu'une moins que rien qui n'en valait pas la peine. Entre la prison mentale et physique que je subissais depuis quelques années et la peur qu'elle apprenne que j'étais enceinte (par sa faute, vu qu'elle m'a fait comprendre que si je ne couchais pas avec son meilleur ami j'allais le payer physiquement parlant), ça m'a fait prendre conscience que l'amour ce n'était pas cela et à 3 mois de grossesse j'ai attendu qu'elle soit au travail pour partir sans qu'elle le sache.

Lilith MF : Ça, c'est facile, empêchez-la de voir du monde, coupez-lui les ponts avec sa famille, rabaissez-la, reprochez-lui tout et n'importe quoi, demandez-lui ce qu'elle fait, où est elle et avec qui, toutes les 5 minutes, insultez-la et frappez-la, piratez ses comptes sur les réseaux sociaux, trompez-la. Et il y a tellement d'autres choses à faire bien plus mauvaises pour briser une femme amoureuse.... C'est désolant.

Cathou C. : Pour ma part, le manque de confiance, la suspicion et la jalousie maladive peuvent faire fuir. Retenir quelqu'un par la "force" est le seul moyen pour la faire fuir.

Mauvee B. : Ce qu'il faut faire pour que notre

amoureuse nous quitte ? Tout dépend des personnes. Certaines ne tolèrent pas les demoiselles trop dépendantes alors que pour d'autres cela vient compléter leur besoin de prise en charge. Et à l'inverse, certaines ont tellement un besoin de contrôler toutes les facettes de la vie que ça peut inciter à fuir. Il faut faire aussi attention au piège de la routine. C'est un tue-l'amour sournois et vicieux. Il s'installe, tranquillement sans crier gare et peut transformer une belle histoire d'amour en une habitude. Le couple n'est alors plus un couple d'amoureuses, mais un couple d'amies. Et c'est là que parfois le démon de la tromperie peut pointer le bout de son nez. Car si la routine a elle seule n'a pas suffi à briser un couple, elle pousse bien souvent à aller voir ailleurs pour aller combler le manque d'excitation et de nouveautés qu'il n'y a plus avec la partenaire actuelle. Ce qui amène le côté de la confiance. Car si celle-ci est brisée, tout est souvent remis en question, et à la longue cela peut être irritant pour la partenaire et la faire partir. Je parle ici autant envers une personne qui a trompé, qui n'a pas trompé, une personne qui fait des promesses, mais ne les tient jamais... C'est plus facile de perdre une amoureuse que de la garder, car on n'a pas à faire d'efforts.

Claire AM : Afin de retrouver rapidement une situation de totale liberté, sans contrainte horaire ou autre crise de jalousie, faite en sorte qu'elle se lasse de vous toute seule... Ne faites pas attention à elle, délaissez-la, ne l'appelez pas. Surtout quand vous la voyez pour... on s'est comprises... faite comme ces mecs machos : ENDORMEZ-VOUS ! Alors évidemment, il y aura toujours des filles à qui cela plaira. Pas de bol vous êtes tombées dessus ! Dans ce cas, renseignez-vous sur ce qu'elle déteste le plus. Une fois ces informations obtenues, commence la partie la plus dure du processus : faites-lui croire que vous faites ces choses avec la meilleure volonté du monde pour lui faire plaisir. Cela devrait finir par la faire décamper.

Steph F. : Ce qui me fait fuir je pense que c'est 1 - le côté "pot de colle" et trop fusionnel de certaines filles. Du genre à faire la tête si on a le malheur de vouloir aller passer les fêtes de Noël dans sa famille qu'on n'a pas vue depuis presque un an et ça, au bout d'un mois de relation. 2 - Débarquer chez moi du jour au lendemain avec ses valises et son fils de 6 ans en sachant qu'on ne les mettra pas à la rue, rester "avec" un certain temps et tout assumer pour le gamin en question. 3 - Avoir une confiance aveugle en la personne et apprendre que seul le tram ne lui soit pas passé dessus. 4 - s'en prendre à mon animal de compagnie en l'enfermant dans la salle de bains en plein hiver et la fenêtre grande ouverte. Ça a tendance à me rendre furax. Ensuite pour faire fuir une fille ou lui annoncer une rupture vous pouvez : 1 - lui envoyer la chanson de Lara Fabian, vous savez ? Celle qui dit "tout tout tout est fini entre nous..." original non ? 2 - L'ignorer complètement elle et ses messages et recevoir un beau jour une jolie lettre taper a l'ordi ou il manque plus que le papier à en-tête et l'accusé de réception. 3 - entendre dire aussi au bout d'un an qu'au final on est hétéro. Et ne pas savoir comment le prendre...

Des témoignages instructifs, parfois extrêmes et violents qui font réfléchir à notre propre comportement au sein du couple.

Faut-il vivre ensemble pour être un couple ?

C'est bien connu. À son deuxième rendez-vous, la lesbienne amoureuse n'amène pas des fleurs, mais un camion de déménagement. Pourquoi ? Parce que la lesbienne éprise veut tout, tout de suite : Maison, bébé, mariage. Pas forcément dans cet ordre. Pourquoi une telle réaction ? Parce que la lesbienne amoureuse est submergée par ses émotions, ses sentiments qui lui font perdre la tête, le sens des réalités, et parfois, il faut le dire le sens de l'orientation et des priorités. Est-ce un attribut particulier à la femme lesbienne ou est-ce que les femmes hétéros réagissent également de cette façon ? À vous d'interroger votre entourage pour le savoir ! Quoi qu'il en soit, la lesbienne amoureuse change en moins de 48 heures sa relation amoureuse sur Facebook de "célibataire" à "en couple" (cf. le chapitre suivant sur les *petites complications sur Facebook*) et attend d'ailleurs que vous fassiez de même !

Pourtant, il n'a jamais été dit ou écrit nulle part qu'un couple devait vivre ensemble pour être un couple. On peut être investi dans une relation et rester chacune chez soi pour des raisons de confort en attendant de voir comment notre relation se développe et comment nos affinités avec l'autre évoluent. Ce qui est bien plus sain et moins dispendieux que de commander le camion de déménagement dans le mois qui suit la rencontre.

De nombreuses lesbiennes font malheureusement cette erreur. Tout est beau, tout est chaud, on est amoureuse, on ne réfléchit plus, on se lance à corps et cœur perdu dans notre couple. On emménage chez notre copine ou notre copine emménage chez nous et débute généralement un enchainement de désaccords pour la simple et bonne raison qu'on ne se connait pas assez ! Pour connaître réellement les gens, que ce soit vos proches ou même vos amis, vivez donc avec eux et vous verrez qui ils sont... C'est à travers les petites manies des gens que vous côtoyez que vous apprendrez à les connaitre, sans masque, sans artifice, et il en sera de même pour votre petite amie. Emménagez chez elle après seulement quelques semaines de relation vous enverra droit à la catastrophe si vous n'avez pas, au préalable, pris le temps de passer du temps chez l'une et chez l'autre sur un délai raisonnable. Sans forcément parler d'une année entière, six à huit mois peuvent suffirent pour savoir à qui vous avez affaire et si vous voulez vraiment vous engager ! Prenez le temps de l'écouter, de l'observer dans ses habitudes, soyez vous-même afin de tester votre compatibilité de couple. Parce qu'être compatible amoureusement ne veut pas dire être compatible dans la vie de tous les jours à deux.

Mettez-vous en situation et imaginez... Vous avez vendu vos meubles, donné Cerbère le chat à maman parce que le chien Médor de votre douce déteste les chats. Vous débarquez fraichement chez votre amante avec vos valises en espérant bien entendu qu'elle vous ait déjà libéré une ou deux armoires pour vous installer. Vous rangez vos affaires et enfin, votre nouvelle vie de rêve à deux peut commencer. Seulement, quelques jours plus tard, les premières disputes éclatent parce que :

1. Vous n'avez pas assez de place pour vos chaussures et votre collection de sacs à main Guess,

2. Elle décide du programme télé tous les soirs alors que vous n'avez pas fini de regarder la dernière saison de *The Walkind Dead* et qu'elle veut visionner « le prime » de Secret Story.

3. Elle va se coucher à une heure du matin, vous à neuf heures, résultat, vous vous retrouvez seule sous la couette froide avec une mine désespérée et vous ne vous voyez pratiquement pas du week-end parce que vous vous levez tôt et elle ne se lève pas avant midi ou deux heures de l'après-midi.

4. Vous vous rendez compte que vous êtes allergiques aux poils de Médor et que vous êtes obligées de faire le ménage tous les deux jours.

5. Elle n'a pas de lait sans Lactose et vous n'avez jamais eu l'occasion de lui parler de vos petites intolérances alimentaires,

6. Le placard de sa salle de bains ne contiendra jamais toutes vos crèmes et votre maquillage,

7. Vous vous rendez compte qu'elle est maniaque et vous fait une réflexion à la moindre miette de pain qui traîne sur la table,

8. Vos plus beaux livres resteront malheureusement dans les cartons stockés dans la cave puisqu'il n'y a plus de place dans sa bibliothèque, livres que vous récupérerez tapissés de moisissure et bons à jeter.

9. Vous découvrez que sa mère passe chaque dimanche à l'improviste à onze heures le matin pour lui apporter une soupe de poulet, etc, etc.

En clair, vous emménagez chez votre copine, vous êtes chez elle, vous devez vous adapter à ses habitudes, oublier votre confort, et ce, même si vous payez la moitié du loyer.

Tout ça pour quoi ? Parce que vous n'avez pas pris le temps de la découvrir davantage, de lui parler, de faire connaissance dans votre intimité respective. Prises ensemble dans votre passion dévorante et addictive de l'autre, vous avez mis la charrue avant les bœufs et vous ne pouvez désormais plus revenir en arrière. Vous êtes sur son territoire et les disputes, aussi futiles soient-elle, se succèdent, prennent des proportions invivables autant pour l'une que pour l'autre. Après quelques semaines, c'est la rupture, vous prenez vos clics, vos clacs, et vous vous retrouvez chez vos parents ou sur le divan de votre meilleure amie, consciente que vous auriez dû prendre le temps, patienter... Vous savez désormais que vous ne referez pas la même erreur !

Les étapes à respecter avant de se mettre en couple ?

Si vous êtes sûre de vous, que vous savez que cette fille est LA fille, vous voudrez très probablement emménager avec elle très vite, que ce soit pour des raisons sentimentales ou financières. Après tout, payer un loyer à deux est plus encourageant que de le payer seule, il en va de même pour les factures courantes et les courses ! Mais comme nous venons de l'expliquer dans le chapitre précédent, mieux vaut prendre vos précautions pour éviter les clashs. S'il vous est impossible d'emménager ensemble les premiers mois de votre relation, vous devez trouver un compromis, mais en aucun cas, ne venir vivre chez l'une ou chez l'autre.

En clair, faites les choses dans l'ordre. L'idéal, sur du court ou long terme, est d'emménager dans un appartement ou une maison que vous aurez choisie ensemble. Chacune y définira son territoire, sa zone de confort, de replis, de recul, car vous n'échapperez pas aux disputes, et avoir un territoire bien à soi c'est important.

La cause principale des couples qui se séparent après s'être mis en relation rapidement n'est autre que le problème territorial, davantage si les deux partenaires sont territoriaux. Autant dire que les étincelles qui vont suivre l'emménagement vont vite devenir un feu d'artifice. Il s'agit pour l'une et l'autre d'amorcer les concessions. Faire de la place à sa moitié dans son chez-soi, c'est revoir entièrement son organisation et son fonctionnement bien réglé. Tout cela doit se faire naturellement, sans se forcer, sans avoir l'impression de sacrifier une part de vous même. Si vous prenez le temps pour chaque chose, alors chaque chose se mettra tranquillement à sa place.

Le mariage lesbien, l'adoption et la PMA

Si votre vie en couple est une totale réussite, alors peut-être envisagerez-vous de vous marier et de revêtir une belle et symbolique robe blanche... ou pas ! Le mariage est un rêve que partage la grande majorité des femmes hétéros et des lesbiennes, même s'il subsiste des réfractaires (dont j'étais, pendant de longues années). Le mariage est par définition la concrétisation absolue de l'amour. En tout temps, dans toutes les cultures, le mariage est, et a toujours été le symbole d'une union sacrée, la promesse d'une vie, l'engagement absolu d'aimer l'autre, de le respecter, de le chérir jusqu'à la fin de notre vie et bla bla bla... Certes, entre ce qui est promis et ce qui arrive les années qui suivent le mariage, les mariés sont parfois surpris ou déçus, mais telle est la première évidence lors des célébrations et les mariés veulent y croire !

Qu'il soit consacré de façon religieuse, selon les traditions locales des mariés, ou à la mairie, en tout temps, en tout lieu, le mariage a symbolisé l'union absolue, concrète entre deux personnes aux yeux du monde, quelles que soient les raisons du mariage (mariage de complaisance, mariage d'amour, d'argent, ou mariage familial). Bien sûr, nous ne parlerons ici et uniquement, que du mariage d'amour !

Le mariage LGBT a fait débats ces dernières années à travers le monde et l'Europe. Les uns après les autres, de nombreux pays – surtout occidentaux – ont voté l'acceptation du mariage entre personnes du même sexe, mais ce qu'on oublie, c'est que certains mariages gay étaient célébrés bien avant que nos chers députés ou représentant d'État s'y intéressent pour des raisons plus politiques que sociales. Dans l'antiquité, par exemple, l'empereur Néron épousa Sporus. Les lois de la République romaine n'interdisaient pas les mariages homosexuels. Des historiens stipulent également que de nombreuses civilisations en Afrique, en Asie ou en Amérique célébraient les mariages entre hommes ou femmes.

Qui, ou plutôt quoi, a peu à peu interdit aux gays et lesbiennes de se marier ? L'émergence des religions, la manipulation des textes religieux au profit des entités religieuses et de leurs dirigeants avides de pouvoir. À ceci j'ajoute que le fond du problème ne sont pas ces gens qui croient en Dieu et en la religion, mais les manipulations, les lavages de cerveaux exercés par les responsables religieux – et aussi politiques – qui ne trouvent pas leurs intérêts à voir se marier des femmes et des hommes entre eux. Cependant, il faut souligner que si les églises, en général, ne célèbrent pas les mariages

LGBT, certaines églises telles que l'Église Anglicane les célèbrent depuis quelques années maintenant. (Et je suis heureuse d'en avoir une à Montréal, juste au cas où !)

Mais intéressons-nous aux mariages en France. Le 17 mai 2013, le Conseil Constitutionnel promulguait la loi no 2013-404 du mariage pour tous. Deux ans après, soit en 2015 l'INSEE, il comptabilisait 8000 mariages de couples LGBT célébrés, soit 3.3% du total des mariages.

Voici ce que prévoit le projet de loi *(source: Wikipedia)*

• Il ne modifie pas le régime du mariage, il rend simplement sa célébration possible entre deux personnes de même sexe résidant en France ;

• Il modifie pour ces personnes le régime des noms de famille ;

• L'adoption en droit français étant ouverte aux personnes célibataires (hétérosexuelles comme homosexuelles) et aux couples mariés, le projet de loi ouvre par conséquent l'adoption conjointe d'un enfant par les deux époux de même sexe ou l'adoption de l'enfant du conjoint de même sexe ;

- Il reconnaît les mariages entre deux personnes du même sexe à l'étranger ;

- Il prévoit, quand cela est nécessaire, des adaptations au Code civil et à douze autres codes (Code de procédure pénale, Code des transports, etc.) ainsi qu'à quatre autres grandes lois (l'ordonnance de 1945 relative à l'enfance délinquante, la loi sur la fonction publique hospitalière, la loi sur la fonction publique de l'État, la loi sur la fonction publique territoriale) : les mots « père et mère » sont remplacés par le mot « parents » et les mots « mari et femme » par le mot « époux » ; ces modifications ne concernent pas les actes d'état civil et le livret de famille, dont la forme n'est pas régie par la loi.

Cette "réforme de civilisation", selon les mots de Christiane Taubira, ex-Garde des Sceaux et ministre de la Justice, représente pour les gays et les lesbiennes l'avancée la plus conséquente des derniers siècles en matière de droit législatif et de protection des familles LGBT.

Et vous, êtes-vous de ces couples qui se sont mariés ? Envisagez-vous le mariage avec votre douce moitié ?

Voici vos réponses :

Mélanie K. : Nous nous sommes pacsées pour le moment et on envisage le mariage parce qu'on imagine que ça facilitera les choses pour l'adoption des enfants... sinon je crois qu'on n'en ressent pas vraiment le besoin (du moins pour le moment)

Nathalie G. : Nous nous sommes mariées en 2014. Pour nous la question ne se posait pas, c'était comme une évidence ! Je sais qu'elle est l'amour de ma vie et je ferai tout pour que l'on puisse finir nos jours ensemble!

Élodie L. : Je me suis mariée il y a bientôt deux ans avec ma femme et ce fut le plus beau jour de ma vie. On envisage d'avoir un enfant pour continuer à agrandir notre petit nid douillet. Le jour où elle m'a demandé en mariage la réponse fut oui sans hésiter.

Nabiha L. : J'aurais adoré, malheureusement là où je vis on doit se cacher pour être en couple alors envisager un mariage c'est présenter son cou au bourreau

Chantal F. : Nous sommes ensembles depuis 12 ans 7 mois et 18 jours et on ne veut pas se marier, on est bien comme ça, le mariage ne nous intéresse pas

Claire A. : Le mariage est prévu pour le mois de mai et c'est dingue de voir le nombre de choses auxquelles il faut penser.

Elia H. : D'abord pacsées ensuite mariées en 2013 nous avons fait l'adoption plénière qui a été acceptée en février 2015. Pour nous, le fait que le mariage se soit passé en France a été aussi important pour que nous puissions faire par la suite l'adoption plénière de notre fille. C'est une sécurité pour nous si jamais il m'arrivait quelque chose et avant toute chose une reconnaissance devant l'état et les administrations du statut de maman "officielle" pour ma femme. Pas facile de se faire recaler dans les hôpitaux ou autres, car il faut juste le père ou la mère. Maintenant, c'est clair et net

Angelique R. : Je me marie dans environ 2 mois. Mais c'est surtout pour nos futurs enfants que nous allons le faire... Pas forcément d'affinité avec l'idée du mariage en soi (que ce soit homo ou hétéro).

Tess L. : J'aimerais, mais ma chère et tendre fait de la résistance. Je la travaille au corps ça va finir par payer. Le pacs ne me suffit plus, j'avoue.

Mélynda T. : Ma conjointe et moi sommes ensemble depuis 14 ans maintenant et nous avons fêté l'été passé notre 10e anniversaire de mariage. Au Québec la loi sur l'acceptation du mariage entre conjoints de même sexe a été votée en juin ou juillet 2005. Nous nous sommes mariées au mois d'août. Après 14 de vie commune, je me lève chaque matin en me disant que j'ai une chance incroyable. Elle est l'amour de ma vie et je crois que lorsqu'on a rencontré la bonne personne, le mariage va de soi. De plus, ayant maintenant un enfant, le mariage apporte plusieurs aspects légaux positifs dans notre situation. Ça a été l'un des plus beaux jours de notre vie, il est gravé dans nos cœurs à jamais.

Isabelle R. : Nous avions prévu de nous marier en 2014 par amour et de faire un grand mariage, nous avons donc réservé un Domaine le 8 juin 2014 (date du mariage cérémonie laïque, amis, famille), date signifiant pour nous 5 ans de pacs. Mais nous avons préféré faire un mariage civil au plus tôt (le 12 août 2013) lorsque nous avons appris que l'adoption serait longue. Notre mariage a été super, à l'image de ce que ma femme voulait. Deux robes blanches et un mariage de princesses. Mais la procédure d'adoption a été longue, nous avons pris un avocat, qui s'est trompé de procédure (adoption simple alors que c'était une plénière dont je pouvais bénéficier. La différence c'est que j'ai l'autorité parentale d'office, il est héritier de mes parents et dans l'autre, non), foncièrement incompétent (nous l'avons signalé à L'APGL – Association des parents gays et lesbiens). Lorsque nous avons demandé d'être prises en charge pour une adoption plénière, nous avons fait partie des couples bénéficiant ! Une enquête policière a été faite dans le bureau des STUP. Salaire, habitation, propriétaire, sexualité, et comment est-elle tombée enceinte ? Tout cela dans le but de nous piéger sur un point alors non éclairci : l'interdiction d'aller à l'étranger pour une insémination artificielle. Ils auraient bloqué les adoptions si j'avais répondu par l'affirmative. Je n'ai pas répondu. Je me suis sentie jugée, salie dans mon intimité, au milieu de gens ayant commis des infractions. Il a fallu attendre plus de 16 mois et deux procédures pour que notre famille porte le même nom que notre enfant. Dur, mais beau combat devant notre famille qui, maintenant, quoiqu'il se passe, ne pourra jamais m'enlever mon enfant. Avant le mariage, si Caroline décédait, la garde de Tom aurait été soumise à un juge des tutelles et un conseil de famille. On ne sait pas comment peuvent réagir des parents devant la perte de leur fille, ils auraient pu m'enlever mon fils. J'ai donc craqué de soulagement et de bonheur lorsque la confirmation d'adoption est tombée. Et oui, nous nous sommes mariées par amour, notre amour à toutes les deux et aussi celui de notre fils.

Un beau témoignage qui ouvre la question de l'adoption et de l'insémination pour les couples lesbiens. Si le mariage a permis une reconnaissance de l'homoparentalité, les couples non mariés ne peuvent exercer leurs pleins droits sur un enfant adopté ou né suite à une insémination. En clair, deux lesbiennes se doivent d'être mariées et d'enclencher une procédure d'adoption plénière pour que la loi valide qu'elles sont toutes les deux légalement reconnues comme mères responsables de l'enfant.

L'adoption nécessitant de longues démarches parfois complexes, de nombreuses femmes optent pour l'insémination artificielle. Mais voilà, aucune loi en France n'autorise un couple de femmes à avoir recours à l'insémination, uniquement réservé aux couples hétérosexuels stériles. Une discrimination contre les homosexuelles ? Bien sûr ! Mais qu'à cela ne tienne, sept pays européens autorisent les lesbiennes à avoir recours à la PMA (insémination) ou la GPA (fécondation in vitro) dont la Belgique, le Danemark (pour les femmes mariées uniquement), l'Espagne, la Finlande, les Pays-Bas, le Royaume-Uni et la Suède. De quoi passer outre, en attendant que les lois soient enfin votées.

Mais qu'en est-il de l'opinion des lesbiennes sur l'adoption, la PMA ou la GPA ? Envisagent-elles d'avoir des enfants ?

Plusieurs lectrices témoignent :

Taz M. : Oui, on envisage de fonder notre famille par insémination. On croise les doigts à chaque fois que l'on essaie et j'ai hâte qu'elle soit enceinte.

Mélanie K. : Oui, parce que je me suis toujours dit que j'aurais des enfants, et ma compagne est d'accord avec ça. On partirait plutôt sur des inséminations en Espagne avec donneur inconnu, normalement avant mes 30 ans, je vais en avoir 27. Donc dans l'idéal, dans les 3 ans qui viennent ce serait top.

Nathalie G. : Nous avons déjà essayé 8 inséminations artificielles, sans succès et nous sommes en attente d'un don d'embryons... Nous n'avons pas dans notre entourage d'homme de confiance qui pourrait être donneur, donc nous sommes allées en Espagne puis en Belgique. On espère vraiment que l'on pourra avoir un petit bout...

Claire M. : Les enfants sont prévus et la manière de les faire exige des réflexions tous les jours. Tout est à calculer, nous avons déjà essuyé un échec dans nos solutions alors maintenant nous envisageons les choses autrement.

Ti Tine : Moi j'en ai 3, mon parcours est simple, il y a 30 ans, il ne fallait pas parler homosexualité c'était banni dans le langage de maman et de mon entourage, donc j'ai fait comme tout le monde, vivre avec un homme et c'est ainsi que j'ai eu mes enfants. Ensuite, suite à un cancer il y a 17 ans j'ai décidé de vivre vraiment ma vie, j'ai divorcé, j'ai fait mon coming out auprès de ma famille. Aie, aie pour certains. Et depuis je vis enfin ma vie avec ma femme et mes 3 enfants. Je suis restée en bon terme avec mon ex, mes enfants voient leur papa quand ils veulent, on vit tous heureux, du moins on essaye.

Bees K. : Nous avons une petite fille, qui a aujourd'hui quatre ans, après deux essais par insémination artificielle dans un hôpital. Très heureuses de notre famille. On a décidé de ne pas avoir d'autres enfants pour des raisons diverses, mais surtout professionnelles. C'est vraiment notre petit rayon de soleil, elle est acceptée partout, crèche, école, centre de loisirs. C'est toujours la coqueluche des petits et la chouchoute des grands ! Comme ses deux mamans, elle est hyper sociable, ça aide beaucoup ! Bref tant d'amour à nous trois.

OhMyGod : Au départ de notre relation, nous

voulions avoir des enfants, mais avec l'évolution pas spécialement positive de la société, on y a repensé et on n'a plus trop envie d'en avoir (naturellement en tout cas). Du coup si l'envie nous prend d'en avoir plus tard, on songe plutôt à l'adoption ou devenir famille d'accueil. On ne ressent pas le besoin d'avoir d'enfant biologiquement pour se sentir femme du coup, si on peut permettre à un enfant de trouver de l'amour et un foyer stable dans lequel évoluer, c'est le principal... Mais bon, ce n'est absolument pas d'actualité, on préfère dans un premier temps profiter de la vie un maximum, voyager... à deux... Et puis on n'a pas trop envie d'avoir toutes les contraintes, responsabilités, tracas, etc. Donc peut être, peut être pas, mais ce n'est vraiment pas dans nos priorités..

Angélique R. : Nous attendons deux jumelles, 4e mois de grossesse révolu. Insémination artificielle faite à la clinique Eugin en Espagne qui a marché du 1er coup... Beaucoup de chance!

Elia H. : Ma femme a déjà quatre enfants d'un premier mariage. Après notre rencontre je lui ai dit que je voulais porter un enfant et elle n'a pas voulu sur le coup. Quelque temps après elle m'a dit qu'elle acceptait parce qu'elle se mettait à ma place. Donc au début, nous regardions un peu sur les forums et pensions à demander à un donneur sur internet contre rémunération tandis qu'au même moment un couple d'amies était en plein dans les procédures. Elles nous ont bien aidées et nous ont donné les coordonnées d'un Gynécologue qui a accepté de nous suivre durant ce parcours, et surtout faire le nécessaire en France (prise de sang, écho pelvienne, suivi gynécologique). Nous avons choisi notre clinique en Belgique, nous y sommes allées une fois pour y rencontrer le docteur. Après avoir effectué les examens, nous avons commencé les inséminations artificielles, et au bout de la 3e, notre crevette a pointé le bout de son nez. Pour nous, l'iAD était importante, car nous ne voulions pas avoir de liens avec le donneur, nous ne voulions rien savoir sur lui. Je reconnais que faire cette démarche m'a fait bizarre au moment d'avoir notre fille dans mes bras après l'accouchement. Plein de questions sont venues dans ma tête. Je me suis même demandé si nous n'avions pas été égoïstes pour son avenir parce qu'elle va sans arrêt être obligée de se justifier sur le fait d'avoir 2 mamans. Et puis c'est vite passé. Seul son bonheur compte. Avec son frère et ses sœurs, elle est parfaitement acceptée. C'est leur sœur à part entière et à les voir les 4 enfants, ils n'y a pas de différences physiques. Après, ce qui fait peur dans les IAD c'est le risque d'avoir plusieurs enfants. Je reconnais que c'est une démarche vraiment lourde avec des conséquences dues au traitement pris. Mais quand nous regardons notre vie aujourd'hui, ça en vaut vraiment la peine. Je suis heureuse d'avoir pu porter un enfant.

Vieve D. : Ce qui est intéressant ici sur ce sujet, est de constater que de plus en plus de couples lesbiens vont prendre l'ovule de l'une, l'inséminer (aussi de plus en plus de couples vont trouver un donneur gai parmi leurs amis masculins), et l'autre portera l'enfant durant son développement, de sorte que l'enfant aura réellement deux mères et un père connu. Et souvent, le père s'implique, même si, au préalable, il a signé une entente ou il abandonne tous ses droits paternels.

Carole D. : J'en ai eu 4 de mon mariage hétéro, et ce n'est plus de notre âge donc nous n'en aurons pas ensemble. Une rencontre 10 ans plus tôt et nous l'aurions certainement envisagé.

Karo Line : Avoir des enfants oui, mais pas à tout prix ! Quand je vois le monde dans lequel on vit, je suis foncièrement découragée. L'adoption n'est pas envisageable puisqu'on ne connait jamais vraiment les gènes des parents de l'enfant et l'héritage génétique ce n'est pas rien, quant à l'insémination, peut-être, mais il faut trouver le bon donneur.

Vous la trompez, devez-vous lui dire ? Elle vous trompe, voudriez-vous le savoir ?

Sujet qui prête à débat. Tromper sa copine, ce n'est pas génial, c'est la pire chose à faire quand on est en couple et c'est aussi la pire chose qui puisse nous arriver quand celle qu'on aime va voir ailleurs. Quand on est cocu, on se sent trahi ! La confiance en l'autre s'effondre. C'est tout un univers qui s'effrite, s'ébranle, et comment un couple peut-il se relever, se reconstruire, après une trahison ? La colère qui prend place peut devenir destructrice et autodestructrice. La question d'un aveu d'une confession prend alors tout son sens. Est-il préférable ou non de révéler à l'autre qu'on l'a trompé ? Quel est ce cadeau empoisonné qu'on offre à sa partenaire en prônant l'honnêteté pour se libérer de sa culpabilité ?

Vos réponses :

Emmeline M. : Pour la tromperie, c'est arrivé un soir, le lendemain matin je l'annonçais en quittant la demoiselle concernée... Pour ce qui est d'être trompée je crois que je préférais ne pas le savoir et que la personne me quitte simplement, car hormis la tristesse d'une rupture; la tromperie met très en colère et surtout blesse l'estime de soi (même s'il n'y a pas lieu, car le plus con ce n'est pas le cocu, mais bien la connasse qui trompe, tout est dans l'orthographe)

Lilith MF. : Si jamais je trompais ma copine, ce qui n'arrivera jamais, car je ne supporte pas l'infidélité, oui je lui dirais parce que je lui dois la vérité, le respect, etc. Je ne pourrais pas continuer avec un tel poids sur la conscience... Et si jamais elle me trompait je voudrais la vérité, avec qui, quand et pourquoi. Je me dis que si on trompe sa copine, conjointe ou compagne selon la relation, c'est que les sentiments ne sont plus les mêmes ou ne sont plus partagés. Autant quitter la personne que de lui faire un tel coup bas.

Véronique SB : Par expérience j'aurais préféré qu'elle me l'avoue plutôt que je le découvre par moi-même et que je me sente encore plus comme une ''merde''. Je l'ai vécu a trois reprises et ce n'est jamais facile de s'apercevoir a quel point ont peut être naïve et aveugle. Je comprends qu'il est possible de tomber amoureuse ou d'avoir du désir pour une autre, mais reste que la meilleure chose à faire est d'en parler. Ça évite à l'autre bien des soucis psychologiques. Même si la vérité peut rester dure à avaler.

Christelle C. : Si c'est un accident, du genre les lèvres de la fille ont sauté sur ses lèvres, je préfère ne pas savoir si elle est sûre que ça ne se reproduira plus. Si c'est voulu, il en va de même, mais autant qu'elle me quitte. Et je crois que je réagirai de la même façon si c'était moi la b**** qui la trompe volontairement.

Anne B. : Étant caractérielle, je préfère sincèrement ne pas savoir si ma copine m'a trompé tant qu'elle est elle-même certaine que ça

166

ne se reproduira plus. Si elle a des sentiments pour une autre, qu'elle me dise, on se sépare proprement, fin de l'histoire. Mais si c'est un accident, je préfère ne pas le savoir, car ça me détruirait et détruirait notre couple par la même occasion. Si c'est moi qui devais la tromper, ce serait la même chose.

Arielle L. : Je n'en ai aucune idée. C'est une question difficile. Parce que j'ai été dans les deux cas. Quand elle m'a trompée, ça ne m'a rien fait. Pour moi c'était physique (je l'avais trompée aussi. Un donné pour un rendu) et clairement ça ne me paraît pas être le plus grave. J'ai été blessée lorsque j'ai appris qu'elle l'aimait. Je l'ai quittée quand j'ai compris que malgré l'amour qu'on se portait, on était plus destructrice pour l'autre, qu'autre chose. On n'était pas indispensable à nos vies. Je lui ai dit après notre rupture pour les conquêtes d'un soir, mais au départ j'avais pris le parti de ne rien dire (c'est au cours d'une dispute, que j'ai tout balancé. Histoire de piquer plus fort qu'elle. Oui je sais, c'est monstrueux!) Pour moi ça lui ferait plus de mal qu'autre chose. Et ce fut le cas. À mon avis, si on a fauté: ne rien dire et quitter l'autre. Idéalement, si on peut éviter la tromperie c'est mieux !

Joan B. : Si cela arrivait, oui je lui dis. Je suis intègre et je ne peux concevoir une vie à deux basée sur le mensonge et l'hypocrisie. La loyauté a sa place en amour. Regarder cette femme dans les yeux, y voir la profondeur de son âme, et savoir que je ne la mérite pas me tuerait un peu plus chaque jour. Je ne peux m'imaginer manquer de respect à celle que j'aime. Elle me trompe, je veux savoir? Bien sûr que je veux savoir. De toute façon tout finit par se savoir. Peu importe la façon. Sinon, n'est-ce pas un manque de respect à l'intelligence. Je préfère la vérité sur toute la ligne, car de toute façon l'intégrité de notre couple est déjà compromise. Le couple est brisé à tout jamais. Pour poser un tel geste, on ne croyait pas en l'amour. Je n'ai vraiment pas envie de continuer sur une base de fourberies. Je préfère être un bouffon solitaire, merde.

Claire AM : La fidélité est une notion importante du couple, pour autant, est-elle réellement essentielle ? Certains couples libertins le vivent bien. Pour moi la fidélité ne se résume pas au sexe, mais aux sentiments. Je fais ce que je veux de mon corps et c'est ce que j'ai dit à ma femme avant de me marier : "Je peux te promettre plein de choses, mais pas la fidélité." En soi depuis le temps qu'on se connait, j'ai toujours été explicite là dessus. Essentiellement, je pense que la trahison la plus forte serait de savoir qu'elle entretient une liaison cachée dans laquelle elle aurait des sentiments. Là, je me sentirais mal, car cela voudrait dire qu'elle n'aurait plus confiance en moi.

Mélissa N. : Je ne supporte pas l'infidélité, je préférerais qu'elle me quitte avant, plutôt que de subir la trahison. Le mensonge et l'infidélité font bien plus mal

Aude MH : Hum question bien difficile, car très personnelle... Je suis très partagée sur le fait de le

168

dire ou pas, je crois qu'il peut arriver ce que j'appelle un accident, une histoire purement physique, et que cela ne change rien aux sentiments portés à l'autre, mais étant partisane de la vérité dans le couple, il faut être capable d'en parler, de comprendre pourquoi c'est arrivé. Si après il n'existe plus d'amour dans le couple et que c'est un moyen de le comprendre, il vaut mieux le dire également et clore l'histoire comme des adultes. En attendant, je ne trompe pas ma femme et si elle le faisait je l'enverrai bouler. En gros je n'en sais rien voilà!

So L. : Selon moi, la discussion devrait toujours avoir lieu avant plutôt qu'après... Ouvrir le dialogue du désir pour l'autre avec son partenaire est plutôt sain, difficile à entendre, mais sain.

Barbara L. : La fidélité est la base de tout si tu as envie d'aller voir ailleurs c'est que tu ne m'aimes plus alors quitte moi et fait ce que tu veux après, mais ne me trompe pas parce que moi je suis fidèle à 100% et que je ne te le ferais pas.

Steph F. : Pour moi la fidélité est une chose très importante et je pense que si on aime vraiment la personne et qu'on se sent bien avec, pourquoi aller voir ailleurs ? Je suis bien avec ma femme, donc ça ne m'a jamais traversé l'esprit. Et même pendant certaines relations où il n'y avait pas vraiment de sentiments, je mettais toujours fin a cette relation avant d'en commencer une autre. Après, pour les personnes qui sont en couple depuis trop longtemps ça peut aussi être un moyen de se rassurer, de savoir s'il plaît toujours par exemple. Mais pour en arriver là, je pense qu'il faut déjà avoir des prédispositions à l'infidélité, et si on aime vraiment, on n'est pas censé se poser cette question. Ensuite, si ma femme me trompait, je préférerais qu'elle me le dise elle même plutôt que je l'apprenne par quelqu'un d'autre ou que je la prenne en flag. Si elle me le disait, je pense que je pourrais pardonner en me disant qu'elle a eu le courage de me le dire, donc elle regrette peut être, la confiance aurait p'tet du mal à revenir totalement, et elle en entendrait parler pendant un looooong moment, mais je pense pouvoir pardonner. Par contre si je l'apprenais de quelqu'un d'autre, avant de péter un câble je m'assurerais que c'est vrai et j'aviserais en fonction, à savoir avec qui, où, et depuis combien de temps. Mais si par malheur je la prends en flag avec une autre fille, je serais capable d'en prendre une pour taper sur l'autre et la minute qui suit, je me casse avec mes chats et mon chien.

Nous nous retrouvons donc avec deux cas de figure... et pour développer ce chapitre il faut tout de même présenter les deux cas de figure possibles avec les avantages et inconvénients.

Qu'on s'entende sur un détail, que vous soyez celle qui a embrassé la première ou non, au regard de l'autre, vous serez coupable dès l'instant ou vous avez laissé faire. Je n'ai donc pas de conseils à vous donner sur ce chapitre. Chacune réagit selon son passif, ses émotions, ses expériences et ses valeurs morales. Il n'y a pas de règles toutes faites quand il s'agit d'avouer ou non un acte malheureux qu'on regrette ou non. Chaque cas est particulier.

Sortir d'une relation toxique

Dans certains cas, il arrive que les sentiments soient vrais, sincères, réciproques, intenses, complètement hors de contrôle... On est amoureux, nos sentiments sont incontrôlables, mais voilà, on n'arrête pas de se disputer, on se fait du mal réciproquement, on sait que c'est malsain et la vie à deux devient vite un enfer – parfois même, sans vivre à deux.

Entre reproches, désaccords, violences verbales ou même physiques, vous ne supportez plus l'autre, vous voulez qu'elle change, elle veut que vous changiez, chacune se croit dans son bon droit d'exiger telle ou telle chose de l'autre, mais aucune entente n'est possible. Colères, frustrations, incompréhensions, toute communication est rompue. Alors, que faire quand une relation devient à ce point toxique pour les partenaires ? Continuer à se faire du mal ? D'autant que l'amour peut rendre dépendante. Son absence fait souffrir, provoque de vrais symptômes de drogués : bouffées de chaleur, vertiges, perte d'appétit, tremblements, crises de nerfs, agressivité, etc. En résumé, quand on se voit on se dispute, quand on ne se voit pas, on est en manque. Bienvenue dans le monde impitoyable du "je t'aime, moi non plus" et "je t'aime et je te déteste"

Les relations toxiques ne sont pas viables — quelle que soit la personne avec qui vous l'entretenez (membre de votre famille, amie, frère, sœur, parents, etc.) — puisque destructrices. Dans le cadre d'un couple, si vous êtes incapable de communiquer avec votre amante, incapable de vous mettre d'accord, si les efforts que vous faites mutuellement vous semblent à sens unique ou insurmontable, si vous n'acceptez pas votre petite amie, pas plus qu'elle ne vous accepte comme vous êtes, alors votre vie à deux est inenvisageable et peut devenir hautement nuisible. Je parle là d'un véritable poison qui s'insinuera en vous lentement, vicieux, qui vous épuisera d'abord moralement, psychologiquement puis physiquement, pouvant vous faire sombrer dans des maladies psychosomatiques ou de graves dépressions.

Il y a des choses que vous ne pouvez pas tolérer : Les reproches, les suspicions, les disputes futiles, le mépris de l'autre, les accusations infondées, les mensonges, la manipulation ou pire, vous faire rabaisser en public, devant ses amis ou les vôtres. Si chaque petits accroc ou dispute dans votre couple prend des proportions infondées et vous brise psychologiquement, vous courrez droit à la catastrophe. Ce n'est pas sain pour votre esprit et tôt ou tard, votre corps en pâtira. N'attendez pas qu'un de vos proches ou de vos amis vous ramasse à la petite cuillère. Vous devez réagir, prendre les choses en main. Si vous vous aimez malgré tout, aucune de vous ne prendra la bonne décision pour l'autre et pourtant, il faudra la prendre et trouver le courage de faire ce qu'il y a à faire, si possible en dehors d'une dispute.

Avez-vous une chance de vous en sortir ? Mieux vaut être positives dans ce cas précis, alors n'attendez pas de vous détruire. Soit vous acceptez de consulter un spécialiste, un psychologue de couple ou un intervenant, soit, d'un commun accord, vous acceptez de vous séparer pour votre bien-être.

On ne change pas. Vous ne changerez pas votre bien-aimée, pas plus qu'elle ne vous changera. Se dire après chaque dispute "on efface tout et on recommence" est une belle résolution, mais une peine perdue, surtout si vous êtes toutes les deux d'un fort tempérament et que votre relation dure depuis des mois ou des années. On n'oublie pas les erreurs de l'autre, au mieux, on les ignore. Et quand les tensions reviennent, les vieilles rancœurs et rengaines ne sont jamais loin et reviennent vite en surface pour nourrir ce qui n'a pas été réglé.

Aimez une femme, ce n'est pas se soumettre à tous ses désirs, ce n'est pas vous écraser devant ses demandes, ses reproches, ce n'est pas oublier et multiplier les concessions pour ne pas la perdre - même si elle pleure ! Si au fil du temps, vous n'êtes plus vous-même, si vous vous isolez, c'est tout votre équilibre qui s'en retrouvera déstabilisé et vous en souffrirez.

Aimer une femme, c'est aussi accepter de la quitter quand ça ne fonctionne plus, et ce, pour lui donner la chance d'être heureuse et vous donner cette même chance en retour. Tel est le plus beau cadeau que vous pouvez faire à la femme que vous aimez si vous êtes consciente et persuadée que votre couple est un total échec. La laisser partir vous demandera beaucoup de courage, de cran, d'audace, de sagesse... Vous aurez mal, vous penserez en crever, mais ce sera peut-être la seule chose à faire. Il n'est pas simple d'accepter que si votre amante n'est pas heureuse avec vous pour diverses raisons, elle le sera certainement avec quelqu'un d'autre, une personne qui saura lui apporter tout ce dont elle a besoin, l'apprécier pour ce qu'elle est, avec ses qualités, ses défauts. Une personne qui saura la comprendre sans contrariétés ni disputes. Respectez-la, respectez-vous, ne vous détruisez pas, cessez de vous faire des reproches, cessez d'être égoïste et prenez la bonne décision. Si aucune concession n'est plus possible, si vous jugez en faire trop et qu'elle estime que ce n'est jamais assez, alors elle n'est pas faite pour vous, et vous n'êtes pas faite pour elle. Aimer l'autre ne fait pas tout, n'est parfois pas suffisant, même si vous ne pouvez envisager votre vie sans cette moitié de vous qu'elle représente, vous devez vous faire une raison. Cesser de vous voiler la face, vous le savez au fond de vous-même, et ce, certainement depuis la première dispute !

L'amour, la vie à deux, doit couler de source. Elle doit être simple, naturelle, évidente, facile. Le quotidien est parfois si compliqué, contraignant, que la vie à deux doit être votre petit bonheur en fin de journée quand vous rentrez d'une longue journée de travail. Quand bien même est-il question de concessions quand on vit en couple, celles-ci ne doivent pas devenir un fardeau et user votre énergie au point que cette vie à deux ne tourne qu'autour de ce que vous faites pour votre amante ou de ce qu'elle fait pour vous supporter. Elle a des besoins, vous en avez aussi ! La réciprocité est importante dans les actes, dans les paroles et dans le don de soi. L'amour est synonyme de partage, de bien-être, de paix. Vous pouvez être loyale, fidèle, intègre, détenir toutes les meilleures qualités du monde – et elle aussi peut les détenir, vous devez comprendre que certains caractères, certaines personnalités ne sont pas compatibles. Si vous avez un caractère fort, dominant, contrôlant, anxieux, inquiet, insécurisé, et qu'elle présente les mêmes traits de caractère que vous, ne vous attendez pas à une relation calme et sereine, bien au contraire.

Alors, comment s'en sortir ?

Vous devez vous écouter, suivre votre intuition, entendre cette petite voix au fond de vous qui vous dit quoi faire. Soyez attentive et vous l'entendrez. Ne le faites pas non plus après une dispute ou quand vous vous lamentez, faites-le quand le calme revient au fond de vous. Soyez aussi attentive à votre entourage. Si on vous dit que vous avez changé, maigri, pâli, que vous avez mauvaise mine, si vos amis ou votre famille se plaignent de ne plus vous voir, si vous ne parvenez plus à travailler, à vous concentrer, à être heureux, ce n'est pas anodin. Votre petite amie n'a pas à vous changer – consciemment ou non – à vous isoler de vos proches, ce n'est pas sain.

Recentrez-vous, revenez aux sources, faites un break dans votre tête et dans votre vie. Accordez-vous du temps, du repos, sans elle (bien sûr, ne lui dites pas que vous avez besoin d'un break pour réfléchir, mais ayez bien conscience de la démarche que vous allez entreprendre !). Vous devez redéfinir vos priorités, vos attentes. Vous devez savoir ce que vous voulez et ce que vous ne voulez plus. Demandez-vous si vous voulez vivre une relation nourrie de disputes, de ruptures, de larmes, de chocs émotionnels. Bien sûr que vous ne le voulez pas. Personne n'aime souffrir, personne n'aime se complaire dans le malheur. L'objectif de toute femme et de tout homme est d'être heureux, équilibré. Alors, demandez-vous si vous avez vraiment besoin d'elle à vos côtés, et demandez-le vous honnêtement ! Si vous ne parvenez pas à réfléchir, comptez sur vos amis ou votre famille pour vous aider. Malgré ce que vous pouvez penser, ils voient les choses objectivement. Et si nécessaire faites une liste. Notez d'un côté ce qu'elle vous apporte, de l'autre, ce que vous lui apportez. Ou encore, notez ce qui est positif dans votre couple et ce qui est négatif. Le fait d'écrire et visualiser votre relation vous permettra de prendre de la distance, du recul sur votre situation et le brouillard sentimental dans lequel vous errez depuis des semaines, des mois ou des années, s'estompera.

Si vos disputes ne sont qu'un cercle vicieux de reproches, que vous êtes toutes deux incapables de tourner la page sur vos petites ou grandes rancœurs, il est grand temps de refermer ce chapitre de votre vie et de changer de livre pour une nouvelle histoire où vous pourrez être vous même et plus encore !

Le fait est que nous sommes chacune responsables de nos bonheurs ou de nos malheurs. Nous sommes libres de prendre des décisions qui nous rendront heureuses ou malheureuses, de vivre dans le négatif ou dans le positif. S'il arrive que nous n'ayons pas le choix de subir certains événements, nous pouvons décider, sur du long terme, de changer notre vie pour quelque chose de meilleur.

Comment quitter sa copine en douceur ?

Qu'on se le dise, une rupture en douceur ça n'existe pas, à moins que les deux partenaires se quittent d'un commun accord, fassent preuve d'une grande sagesse et soient pleinement conscients que pour leur bien-être respectif, l'heure est venue de se dire au revoir... Quoi qu'il en soit, il est préférable de quitter une personne avec qui on a échangé des moments intimes et intenses, de la plus polie, courtoise et douce des façons. J'entends par là de ne pas s'élancer dans un argumentaire de reproches visant à justifier une décision de rupture.

Votre façon de rompre dépendra de plusieurs facteurs, de la durée de votre relation et de l'entente partagée avec votre futur ex. Mais quoiqu'il arrive, quand vous quittez quelqu'un, faites-le avec tact et avec beaucoup de respect. Même si la fille que vous quittez vous a tapé sur les nerfs et pourri la vie pendant trois mois, ne la dépréciez pas, ne l'accusez pas, ne la rabaissez pas ! La respecter c'est aussi vous respecter. Il n'y a pas de phrase type. Vous devez adapter vos mots à la femme qui est en face de vous en fonction de sa sensibilité, de sa fragilité, de son non verbal. Quoi que vous disiez, de toute façon, vous lui ferez mal. Pire encore, si vous avez eu des sentiments pour elle et que vous en avez encore, vous allez vous faire mal à vous aussi, détail important que certaines personnes oublient...

Soyez franche...

"Je regrette que...

- ça ne marche pas entre nous,

- Nous ne parvenions pas à nous entendre, mais il est préférable que nous en restions là."

Soyez honnête...

"Je t'apprécie, mais je n'ai plus de sentiment pour toi."

Ne vous dépréciez pas, quand bien même votre futur-ex est malheureuse et que vous craquiez devant un flot de larmes – parce que malgré tout vous avez un cœur – vous n'êtes pas là pour lui dire ce genre de choses inutiles du genre :

- Je ne te mérite pas,

- Tu es trop bien pour moi,

- Tu mérites mieux,

- Je ne suis pas à la hauteur de ce que tu attends de moi, etc.

Quitter quelqu'un n'a jamais été facile et je peux vous confirmer qu'il est préférable de se faire quitter que de quitter. Pourquoi ? Parce que celle qui rompt a très souvent le rôle de la "méchante garce égoïste dépourvue de sentiments", et celle qui est quittée devient la victime. Probablement, vous ne voyez pas ça sous cet angle avant ou quand vous étiez plus jeune, jugeant que celui qui s'en va est toujours en position de force. Et pourtant ce n'est pas toujours vrai. Quand on aime encore son amante malgré les disputes, désaccords et autres problèmes de couple, s'en séparer exige une belle dose de courage et de sagesse.

N'attendez pas qu'une dispute éclate pour régler vos comptes et conclure sur une rupture. Il n'y a pas pire situation de rupture que celle qui suit une dispute. Quand on se dispute, on crache ce qu'on pense sur le coup, ce qu'on a sur le cœur, et les mots dépassent souvent la pensée même si − ne soyons pas hypocrites − on pense ce qu'on dit sur l'instant. Alors, soyez calme, polie et clarifiez ce qui doit l'être. Prévenez votre future-ex que vous préférez couper les ponts, ne plus être en contact pour vous faciliter à toutes les deux le processus du deuil.

Car une séparation implique la perte d'un être aimé ou qu'on a aimé et induit donc les mêmes étapes que celle du deuil par les émotions violentes qu'elle impose :

1 - Le choc et le déni : Votre futur ex. refusera de croire en votre rupture et pourra exprimer son désaccord de plusieurs façons aussi extrêmes les unes que les autres : pleurs, insultes, reproches, demande de pardons, promesses de changement, menaces, etc., parce qu'elle refusera ce qu'elle jugera être de l'indifférence de votre part.

2 - La colère et la reconquête : La rupture prononcée, on veut changer, rétablir le dialogue, voire communiquer pour la première fois. Le manque nous fait envisager une reconstruction, une réconciliation possible en oubliant nos besoins pour satisfaire ceux de la femme qu'on aime, mais c'est déjà trop tard...

3 - La prise de conscience et la dépression : Si on n'a pas craqué lors des deux premiers processus et que la rupture est toujours d'actualité, on comprend que c'est vraiment terminé, qu'il n'y a plus de retour en arrière possible. La colère laisse place à la peine, la tristesse, la détresse et les remises en question. On a peur, on se demande comment on va désormais avancer sans l'autre, on ignore même si on en est capable, on a oublié qu'avant d'être avec celle qu'on aimait on vivait déjà. Revivre sans elle semble impossible.

4 - L'acceptation et la reconstruction : Les peurs s'effacent. On accepte l'évidence, on accepte de tourner la page voire de changer de livre. On est toujours triste, mais on sait que le temps est venu de passer à autre chose, de refaire sa vie et de se réorganiser pour avancer.

Rompre ou ne pas rompre ?

Si vous vous demandez encore si vous devez rompre ou non, voici une méthode simple à appliquer pour effacer vos doutes : la liste.

Tirez un trait au milieu d'une page. À gauche, vous écrivez "pourquoi je dois rompre", à droite vous écrivez, "pourquoi je ne dois pas rompre". Prenez le temps de réfléchir à chaque argument que vous annotez, au poids qu'ils ont dans la balance du pour et du contre. Vous finirez par savoir avec évidence quelle est la bonne décision à prendre.

À noter qu'une fois la décision prise, jetez la

feuille, ce serait dommage que votre amante ou futur-ex. tombe dessus !

Et après la rupture ?

Si rompre est difficile, comment agir et réagir après ? Il y a bien sûr des choses à faire et d'autres à ne pas faire pour que votre deuil se passe au mieux et soit le moins pénible possible, peu importe que vous quittiez votre amante ou que ce soit le contraire.

Les trucs à ne vraiment pas faire après une rupture :

1 - Ne gardez aucune de ses affaires. D'une part, parce que ça évitera qu'elle vous contacte pour les réclamer – ce qui arrivera forcément d'autant plus si elle est en phase de reconquête. D'autre part, parce qu'il est inutile de nourrir les regrets si vous êtes de ces femmes à vous culpabiliser ou vous apitoyer sur votre sort.

2 - Ne vous remettez pas avec elle. Ni deux jours plus tard ni deux mois plus tard ! Même si vous avez des regrets, qu'elle pleure, que vous-même vous pleurez, que vous perdez cinq kilos parce que plus rien ne semble vouloir rester dans votre estomac, ne revenez pas sur votre décision. Vous avez décidé de rompre pour de bonnes raisons – pas assez de sexe, manque d'affection, aucune compréhension de sa part, violence, insultes, etc. – et ce n'est pas en vous remettant avec votre ex. que les choses s'arrangeront ou que vous obtiendrez ce dont vous avez besoin ! Si vous voulez vous marier, elle non ; si vous voulez un enfant, elle non ; toutes ces choses resteront à l'identique et pourquoi devriez-vous sacrifier vos rêves, vos désirs, si l'autre ne fait pas d'effort ? Vous voulez croire qu'elle changera, peut-être une semaine ou deux, peut-être six mois. Elle aussi croira que vous allez changer, mais la vérité est qu'on ne change pas. Même si la colère est passée, que vous avez oublié volontairement les raisons de votre rupture, votre ex. restera la même, vous resterez la même, quand bien même vous vous promettez de faire des efforts, d'oublier qui vous êtes, de tout sacrifier parce que sur l'instant, vivre sans elle est trop douloureux. Mais n'oubliez pas cet adage : "chassez le naturel, il revient au galop". En retournant avec votre ex. vous ne faites que reculer l'échéance d'un drame qui aura lieu tôt ou tard. (cf. le chapitre *Recoucher avec son ex. bonne ou mauvaise idée ?*)

3 - Ne répondez pas à ses appels ou ses messages. Et ne vous culpabilisez pas de ne pas le faire en vous imaginant que le pire a pu lui arriver. Si le pire est vraiment arrivé, elle vous laissera un message que vous écouterez plus tard afin d'agir en conséquence. Si jamais c'est au-delà de vos forces et que vous répondez, qu'elle souhaite vous voir pour vous parler, dans ce cas posez vos conditions, donnez-lui rendez-vous dans un lieu public et expliquez-lui, une dernière fois si nécessaire, que vous ne devez plus être en contact pour votre bien à toutes les deux !

Les trucs à vraiment faire après une rupture :

1 - Coupez les ponts. Même si vous souhaitez rester amies, ne vous imaginez pas que vous irez prendre un verre demain avec votre ex., c'est utopique. Laissez-la guérir, laissez-vous du temps pour vous reconstruire autant l'une et l'autre, et peut-être, un jour, arriverez-vous à être amies sans avoir les larmes qui vous brûlent les joues.

2 - Effacez ou écartez les souvenirs. Vous l'aimez encore et vous avez mal ? Que vous le croyiez ou non, ça vous passera. Tout passe et le temps guérit toutes les blessures... Vous n'y croyez pas parce que vous êtes encore sous le choc, sensible, à fleur de peau, confuse... À la moindre musique que vous écoutiez toutes les deux, vos yeux vous piquent, et c'est normal. N'ayez pas honte de vos émotions, vous devez les vivre, vous devez pleurer, vous devez vous lamenter, parce que ça fait du bien d'écouter un disque de Mylène Farmer ou de Zazie quand on a le cafard. Vos émotions doivent sortir. Dites-vous que tout ce qui restera à l'intérieur de vous étouffera, alors ne retenez rien, ce n'est pas sain. Laissez-vous du temps, mais inutile de relire vos lettres enflammées ou l'historique de vos échanges de textos depuis le premier jour de votre rencontre trois ans et demi plus tôt. Les souvenirs ne vous aideront pas à tourner la page ni à vivre le présent, car c'est dans le présent que vous devez désormais évoluer pour mieux appréhender l'avenir.

3 - Supprimez-la de Facebook. Ne sous-estimez pas la portée d'une rupture Facebook même si vous n'êtes pas adepte des réseaux sociaux. Certaines personnes le prennent très au sérieux, et une rupture Facebook peut être assimilée comme une seconde rupture pour vous et votre future ex. Ça va vous faire mal au cœur – ou non – et cette dernière cassure l'achèvera probablement, mais vous le faites pour votre bien à toutes les deux. En la supprimant de Facebook, vous la supprimez de votre vie virtuelle, du dernier contact que vous aviez. Sauf si votre rupture est réellement amicale et qu'il n'y a plus de sentiments des deux côtés, vous n'avez pas le choix, vous ne pouvez pas la garder dans vos contacts où elle verra que votre vie se poursuit autant qu'elle vous montrera que la sienne aussi. Dans les pires des cas, si elle décide de poster quelques jours après votre rupture des photos de ses soirées avec une pléthore de jolies filles pour vous faire râler, ça marchera et vous le savez.

4 - Ne la contactez plus. L'appeler, lui envoyer un texto, ça vous démange, surtout si vous l'aimez encore, mais résistez. Même si vous chialez à vous en roulez par terre tant la douleur est atroce et insupportable, surtout le soir quand vous vous retrouvez seule chez vous... ne le faites pas. Vous en crevez d'envie, vous en crevez tout court, et vous devez résister, car même si elle vous répond, même si elle vient vous voir ou que vous frappez à sa porte et qu'elle vous ouvre, vous ne faites que repousser l'échéance du mal que vous êtes en train de vivre. Pour un instant de soulagement éphémère, vous devrez à nouveau revivre toute votre rupture à la prochaine dispute. C'est difficile, mais vous devez rester forte !

5 - Respectez-vous. Ne vous laissez pas aller et ne faites rien qui vous fera plus de mal. Quand on se fait quitter ou qu'on se retrouve obligée de se séparer de la femme qu'on aime, on souffre, c'est ainsi. Mais ne remplacez pas cette douleur par une autre. Ne cherchez pas à noyer votre chagrin ou à le taire dans ce qu'on appelle la fuite chimique. Évitez les médicaments, l'alcool, les antidépresseurs et encore plus la drogue. Ne tombez pas si bas, pas pour une fille, même si l'appel d'un petit verre ne vous semble pas si déraisonnable. Un verre en appellera un autre, puis un autre, et toutes les substances chimiques que vous prendrez ne feront qu'accentuer vos maux, davantage quand les effets se dissiperont ! Respectez-vous. Oui, vous avez mal, mais je vous l'ai dit plus haut, la douleur passera. Levez-vous le matin avec une idée positive en tête, pourquoi pas un nouveau défi, l'idée d'une nouvelle vie, l'idée que, quoiqu'il arrive, la femme qui vous est destinée trouvera le chemin jusqu'à vous ou vice-versa. Prenez de la hauteur, regardez-vous aujourd'hui, dans six mois, un an, vingt ans, vous n'y penserez même plus !

6 - Remettez-vous au sport. Voici un remède inégalable contre les insomnies et surtout, une thérapie naturelle pour se remettre d'une rupture. Avec ou sans musique, faites du sport, parce que non seulement vous allez vous refaire une santé et une beauté physique, mais aussi un bien-être mental et psychologique. Le sport, ça fait du bien. Ça n'élimine pas que les graisses, ça transforme les mauvaises énergies et les mauvaises pensées en satisfaction absolue. Rien de tel qu'une heure de musculation − ou, quel que soit le sport qui vous convient − pour vous sentir bien. Prenez soin de vous, votre corps vous remerciera. Le sport permet d'évacuer les tensions, la pression, de ne penser à rien et d'être fier de soi.

7 - Sortez de votre bulle de confort. Plus facile à dire qu'à faire, mais il va falloir comprendre que vous ne pouvez pas rester isolée. Que vous vous accordiez une semaine ou deux pour vous remettre les idées en place, les émotions à niveau, pour retrouver le sommeil, le goût de manger, OK, c'est acceptable. Prenez une semaine ou deux pour faire un break et vous recentrer sur vous-même. Passé ce délai, il va falloir vous remuer le « popotin » et sortir de votre caverne. La vie est belle et colorée dehors, le monde continue de tourner, alors allez-y ! Respirez un peu l'air frais et vous verrez combien la vie peut encore vous surprendre !

8 - Dites "oui" à la vie et à vos amis. Après une rupture, on a rarement envie de répondre au téléphone, aux messages ou aux invitations des amis. On a le sentiment que la terre vient de s'arrêter de tourner. On a pris une semaine d'arrêt maladie au travail, on envisage de se faire suivre par un psy en songeant que les antidépresseurs refermeront les plaies béantes que notre ex a laissé. En bref, après une rupture, on veut rester seule, chialer, manger du chocolat, regarder l'intégrale de "Desperate Housewives" ou mieux, dormir jusqu'à la fin de l'année prochaine voire de l'année suivante. Parce qu'après tout, rester éveillé, c'est atrocement douloureux ! Sortir serait se confronter aux regards des autres, à leurs jugements, à leurs compassions et surtout, surtout, on ne veut pas sombrer davantage dans notre peine ou pleurer en public. On se sent fragile, à fleur de peau, on sait, ou plutôt on suppose, qu'au moindre rappel de notre ex, on va fondre en larmes, perdre pied, se ridiculiser aux yeux du monde ! Pourtant, vous allez devoir vous remuer et dire "oui" quand on vous invite. C'est en sortant, en gardant le contact avec l'extérieur que vous vous remettrez plus rapidement de votre dépression, de votre peine, de toute cette souffrance qui prend le dessus sur toute votre vie. Donnez-vous la chance de rencontrer quelqu'un et ce quelqu'un ne se trouve pas dans l'écran de votre télé, dans les derniers jeux de Xbox ou PlayStation, dans vos bouquins, votre canapé, ou votre lit confortable !

9 - Reprenez goût à vos passions et reconstruisez-vous. Trop occupée par votre vie amoureuse ou vos activités de couple, peut-être aviez-vous mis de côté certaines de vos activités solo ? C'est le moment de vous y remettre. Peinture, musique, danse, yoga, promenade en forêt, activités associatives, etc. peu importe ce qu'étaient vos passe-temps avant de rompre, reprenez goût à les pratiquer seule ou entre amis. Nourrissez-vous d'activités, de rencontres, de passions, de culture, de choses positives qui vous font du bien, qui vous enrichissent de l'intérieur. Avez-vous pensé au Yoga ?

Attention cependant. Le trop est l'ennemi du pas assez. Dans vos démarches de remonter la pente, de sortir la tête de l'eau, de remonter en surface, n'en faites jamais trop. (Respectez les paliers de décompression). Ne vous noyez pas dans le travail, dans une passion quelconque, dans les fêtes bien arrosées, dans le sport ou les sorties à outrance. Ne faites pas d'excès qui pourraient nuire à votre santé physique ou mentale. Faites les choses avec modération ce qui vous permettra de retrouver un bon équilibre dans votre vie et de vous reconstruire de façon saine et positive.

Quand tu te fais quitter par ta copine, ça fait mal !

Effectivement. Quiconque a aimé et s'est fait larguer par la femme de sa vie a cru mourir d'une décision de rupture. Mais connaissez-vous la chanson de Queen "The show must go on[8] ? Et bien si on vous quitte, vous devez continuer à avancer. Croyez-moi sur parole : peu importe que vous ayez aimé cette fille, comme jamais vous n'aimerez personne. Cessez de vous le répéter, cessez de vous morfondre dans la douleur en écoutant Mylène Farmer – même si je vous ai dit précédemment que c'était parfois agréable de l'écouter. Vous avez tort, et personne n'osera vous le dire pour ne pas vous blesser davantage. Croyez-le, vous devez en être convaincue parce que telle est la vérité : vous aimerez à nouveau et vous oublierez cette fille pour une autre. L'être humain a une faculté exceptionnelle – ou plutôt devrais-je dire un don – pour survivre, tourner la page et oublier ce qui lui fait mal. Les blessures se referment, se cicatrisent et disparaissent !

Si vous avez entre 25 et 30 ans, vous avez sûrement aimé avant elle, vous avez déjà pleuré, vous avez déjà traversé tout ça ? Vous en rappelez vous ? C'est flou, n'est-ce pas ? Je suis pourtant certaine que vous vous morfondiez de la même façon en songeant que votre vie s'arrêtait là. Vous comprenez maintenant ? Combien vous aviez tort à cette

[8] Le spectacle doit continuer

époque de croire que votre vie était foutue ? Regardez-vous aujourd'hui. Vous avez fait votre deuil, vous avez eu d'autres relations, vous avez tourné la page et votre vie s'est poursuivie parce que la vie est faite ainsi. Vous en verrez d'autres !

Loin des yeux, loin du cœur. Cet adage est vrai pour tout. L'absence, le silence, fait oublier les gens qu'on aime. C'est parfois regrettable, mais voyez là le côté positif. Moins vous verrez votre ex, moins vous penserez à elle, plus vite vous vous remettrez. Bien sûr, les premiers vingt-quatre, quarante-huit heures ou quinze premiers jours seront difficiles. Peut-être même les six premiers mois. Vous retomberez dans le même état que vous viviez aux prémices de votre relation passionnelle en sens inverse et avec les mêmes symptômes : insomnie, diarrhée, perte d'appétit, angoisse, manque... Un jour tout ira bien, vous vous sentirez assurée, plus forte que jamais, consciente que vous avancez enfin, que vous êtes prête à passer à autre chose, à tourner la page, à sortir, à rencontrer une femme qui vous mérite... Puis le lendemain, vous aurez l'impression de sombrer à nouveau et d'atteindre le seuil le plus bas du fond que vous pensiez avoir touché trois jours plus tôt. Cet état, qui peut être considéré comme "up" and "down"[9] est tout à fait normal parce que l'amour est une véritable drogue dont il va falloir vous sevrer, car d'un point de vue scientifique, il s'agit bel et bien d'une drogue, savez-vous pourquoi ?

Ces prochaines lignes vont vous faire prendre une certaine distance entre vos émotions et ce qui se passe d'un point de vue scientifique dans votre organisme. Quand vous tombez amoureuse, votre corps sécrète quatre hormones très puissantes appelées "hormones du bonheur" : la dopamine, l'adrénaline, l'ocytocine et la phényléthylamine. Celle qui nous intéresse est sécrétée quand le couple est stable, que la passion a laissé place à l'amour. L'hormone gagnante n'est autre que l'endorphine, une morphine naturelle fabriquée par votre corps qui réduit le stress et l'anxiété. Comprenez-vous mieux maintenant les raisons de votre état ? Enlever sa morphine a un consommateur régulier, vous verrez dans quel état il va être ! En clair, nous sommes drogués par l'amour, par l'endorphine sécrétée

9 Haut et bas

lorsque nous sommes en couple. Quand le couple se brise, il n'y a plus d'endorphine sécrétée ce qui laisse la porte ouverte à la dépression, aux angoisses et à un mal-être qu'on ne saisit pas. Cette seule prise de conscience permet de relativiser, de prendre de la hauteur, du recul et de trouver des solutions. Le sport, comme énoncé plus haut, vous fera du bien, car dans l'effort et la douleur, le corps sécrète de l'endorphine.

Recoucher avec son ex. bonne ou mauvaise idée ?

C'est terminé. Elle vous manque atrocement. Ses parfums, la douceur de sa peau sous vos paumes, la chaleur de son petit corps quand vous alliez vous coucher, ses mains chaudes et réconfortantes vous caressant le dos pour vous réveiller tendrement le matin. Vous l'aimez encore et l'occasion se présente de recoucher avec elle. Vous ne voulez pas vous faire d'illusions, vous savez que c'est fini, que vous ne vous supportez plus, mais voilà, vous vous retrouvez devant la porte de chez elle, vous frappez, elle vous ouvre, vous invite à entrer au lieu de vous demander de partir, et vous vous retrouvez sous la couette. Étiez-vous vraiment venue pour ça ? Du sexe pour du sexe ? N'y a-t-il pas une raison sous-jacente à ce détour chez elle que vous n'auriez pas dû faire ? Vous avez en plus l'impression que cette fois-ci était encore plus intense que les autres ? Mais voilà, vous êtes des ex. elle vous dit qu'elle a rendez-vous, ne vous donne pas plus d'explication et vous voilà de retour chez vous et à nouveau seule à vous demander : "Est-ce que j'ai bien fait d'aller la voir ?"

Ce que vous en pensez :

Véronique S : Je l'ai fait par vengeance...Mais je ne le referai pas, j'ai détesté me faire retoucher par elle après ce qui s'est passé. Quand le cœur, la passion et le désir n'y sont plus, on est mieux de s'abstenir...

Sweeth E. : J'y songe par ce que je me rends compte que je l'aime encore malgré tout et que si l'occasion se présente je ne sais pas si je pourrais me retenir.

Cé Sil : Pour l'hygiène et mon égo, mon ex était devenue mon plan cul. Ça a duré un an ! J'ai vu que cela ne m'apportait rien j'ai mis un terme à cette "relation".

Emmeline M. : Parfois l'histoire est inachevée

Mais tout est dans le mot achevé... Rarement une histoire s'écrit à nouveau, mais on a tous la copine de la cousine d'une copine de la sœur d'une amie du frère de Marie pour qui cela a fonctionné "l'exception ". Et juste pour le Sexe sous le pseudo prétexte d'une satisfaction, la nouveauté est bien plus excitante.

Élodie L. : mauvaise idée, car pour certaines cela peut refaire naître une certaine flamme que l'autre n'aura pas forcément. Et après, bonjour la jalousie quand l'ex te pourrit la vie dès que tu trouves une nouvelle conquête.

Bétina P. : 8 ans de vie commune, j'ai dû prendre la pire décision de ma vie : mettre un terme à notre histoire, alors que nous nous aimions. Nous nous sommes revues 3ans plus tard, nous nous aimions encore. Et après 1 nuit de peau à peau, nous étions enfin libres. Les chaînes avaient sauté. Alors oui, il peut y avoir du positif dans le fait de recoucher avec son ex. C'est à partir de ce moment-là que nous sommes devenus ex !

Nabiha L. : Pas si mauvaise que ça, à une condition, ne plus en être amoureuse sinon c'est la cata garantie, et c'est une bonne façon de retrouver des sensations en territoire connu

Aude M-h : mauvaise idée : refaire naître des sentiments chez l'autre. Bonne idée : quand les deux sont d'accord sur l'histoire que cela peut ou pas engendrer et les conséquences que cela peut ou pas avoir sur notre relation si on en a encore une   avec.

Le choix est vaste encore une fois ! Tout dépend de la situation amoureuse dans laquelle je me trouve et si je suis capable ou pas de le faire avec une ex.

Déjanire D. : La jalousie et le sentiment d'appartenance renaîtront chez l'un des deux. C'est à éviter surtout s'il subsiste encore des sentiments de la part de celle " quittée"

Helene T. : merci. Je commençais à désespérer de lire une réflexion mature, ce qui est rare dans ce monde. On ne parle que de jalousie, vengeance, problèmes. Ouffff. À croire que l'on enlève une partie du cerveau lorsque l'on s'affirme lesbienne !

Patricia P. : Ça m'est arrivé plusieurs fois, et il ne s'est rien passé de négatif par la suite. Mais bon, ça, c'est pour moi. J'ai toujours gardé de très bonnes relations avec mes ex. Même si j'ai été quittée et que j'en ai beaucoup souffert. (Comme tout le monde!).

Helene T. : Mon ex et moi avons partagé après et ce fut magique.. Elle n'est pas étrangère. Elle restera toujours une amoureuse de ma vie. Elle n'a pas changé, ni moi. Ni en arrière ni en avant. LE PRÉSENT. Vivre le présent. Simplement. Laisser couler. C'est savourer la vie. Un délice.

Adèle B. : Je suis mariée, bi, et mon ex-copine continue à me courir après. J'ai cédé et maintenant elle ne veut plus me laisser. Je lui brise le cœur dès qu'elle me voit. Elle me fait des avances tout le temps.

Samya R. : À qui ce n'est pas arrivé ? Avec le recul, les années passées pourquoi pas, mais après tout redevient comme avant. Pour moi les filles que j'ai connues deviennent de belles amitiés sans arrières pensées. Juste des personnes avec qui j'ai partagé un bout de chemin et mon présent est avec ma femme celle qui ne deviendra pas ex !

Parlons sexe

Le sexe entre femmes c'est quoi pour toi ?

Chronique gracieusement transmise par Amel Nouge, chroniqueuse sur le blog "*Les lectures d'Amel*".

Petite réponse détaillée à mon amie hétéro qui manque cruellement d'imagination quant à l'amour entre femmes, mais comme elle n'est peut être pas la seule, autant expliciter plus en "profondeur" cette pseudo énigme.

Parler de sexe entre copines ça arrive et

quand tu demandes à ton amie comment elle imagine le sexe entre femmes...attention ! Chaud devant ou derrière...je n'sais plus trop !

"As ton avis ça se passe comment pour nous?

"Comme entre un homme et une femme, non ?"

"Comment ça ?"

"L'une fait l'homme et l'autre se laisse faire."

....

"Et toi si ça t'arrivait ?"

"Je n'ai jamais réussi à imaginer et pourtant j'ai essayé, mais si ça m'arrivait j'improviserai.... je me laisserai faire... comme ça c'est confortable."

"Tu n'imagines pas ça différemment ? Plus doux ?"

"Non je ne crois pas que ça le soit..."

Même s'il n'y a pas de réponse toute faite pour libérer l'imagination de mon amie, car toutes les femmes aiment des choses différentes, j'ai un peu développé le sujet. Certaines femmes attachent de l'importance aux préliminaires avec beaucoup de caresses, de bisous sur des zones plus ou moins érogènes : le cou, le ventre, l'intérieur des cuisses, les mains... quand d'autres sont plus directes et vont rapidement à l'essentiel, préférant jouer avec leur langue ou leurs doigts pour faire jouir rapidement leur partenaire : cunnilingus, pénétration. Parfois elles peuvent utiliser des objets : dildos, gode ceinture, sextoys... mais les pratiques même si elles peuvent être proches d'un couple hétérosexuel ne se résument pas à l'utilisation d'un gode ceinture quand l'autre fait la planche.

En clair, si comme mon amie, votre imagination est stérile...dites-vous bien que le mimétisme n'est pas toujours vrai, que les femmes jouent avec leurs corps, aiment se frotter l'une à l'autre, se caresser, se pénétrer et que même sans artifices, nous prenons du plaisir, beaucoup de plaisir même. Et quand votre seconde amie qui plane à 15000 finit par reconnecter ses neurones et demande de quoi vous parlez, sa réponse rassure... un peu : moi j'imagine deux belles femmes sans poils avec des bisous, des caresses et plein de cheveux !!!

PS : Le double orgasme n'est pas un fantasme...il est réellement possible ;-)

Les généralités

Certains hommes ne se figurent pas le moins du monde que deux femmes puissent faire l'amour sans qu'un mâle alpha ne finisse par intervenir pour terminer *le travail* (ou "la job" comme on dirait au Québec). Pour eux, sexe et plaisirs riment avec pénétrations et j'irai même plus loin en affirmant que chez certaines lesbiennes, cette croyance hétérosexiste est également de rigueur. Mais qu'en est-il dans la réalité ?

Premièrement : si vous êtes lesbienne, bi ou soupçonnez de l'être, si vous n'avez jamais eu l'occasion de faire l'amour avec une autre femme, oubliez tout de suite ce que vous avez vu dans les revues ou les vidéos pornos, ce n'est **PAS** la réalité.

Deuxièmement : lors d'une relation entre deux femmes, l'une ne prend pas le rôle du mâle pour être "dessus" quand l'autre se soumet en se positionnant "dessous". La plupart des gens sont tellement programmés par des comportements et une éducation hétérosexiste (l'homme toujours au-dessus ou l'homme dominant) qu'ils se figurent que les couples lesbiens (et même gays) adoptent le modèle hétéro jusqu'au fond d'un lit. Il n'y a pas de règle ni de règlement. Les lesbiennes, au même titre que les gays, sont ce que j'appelle *"autoreverse"*, et s'adaptent aux circonstances, même s'il existe des tendances ou préférences dominantes/dominées. Idem chez les hétérosexuels, certaines femmes préfèrent dominer des hommes et vice-versa.

Troisièmement : les femmes n'ont pas besoin d'objet pour se pénétrer dans le but d'atteindre l'orgasme. Elles savent très bien utiliser les nombreuses parties de leur corps pour varier les plaisirs de la chair, que ce soit par le sexe vaginal, anal ou buccal.

Quatrièmement : les femmes lesbiennes ne sont pas systématiquement attirées sexuellement par des femmes garçonnes.

Dans le monde réel, deux femmes qui font l'amour prennent le temps de préliminaires, de caresses et peuvent explorer toutes les manières possibles de faire l'amour au même titre qu'un couple hétérosexuel. Les femmes ont également des avantages non négligeables : elles n'ont ni de problème d'érection ni d'endurance et peuvent faire l'expérience d'orgasmes multiples sans se soucier de recommencer cinq minutes après.

Je n'irai pas questionner mes followers et *amies* sur Facebook pour leur demander si la pénétration est essentielle dans leurs ébats amoureux pour atteindre le plaisir ultime et l'assouvissement total. Ma gêne a ses limites et probablement la leur aussi. Cependant, une rapide recherche sur la question de l'orgasme chez les femmes hétérosexuelles nous éclaire sur la satisfaction des femmes qui se font pénétrer. Le site marieclaire.fr, lance un test coquin an affirmant que seules "**23% des femmes déclarent ressentir l'orgasme en faisant l'amour avec un homme**". Et là, on est en droit de se demander : **qu'en est-il des 77% restant ?** On aurait envie de leur suggérer une aventure avec une femme lesbienne ou bi. Ce chiffre vous étonne-t-il ? Moi non... Qui mieux qu'une femme connait le corps d'une femme et ses subtilités ? Bien sûr, on ne peut jamais deviner les désirs de sa partenaire les premiers temps ou lors des premiers rapports, mais en tant que femme qui aime les femmes, on peut sans nul doute deviner ce qui satisfera son amante avant qu'un dialogue dépourvu de pudeur ne s'installe.

Jeanne G., bisexuelle, réside à Paris et témoigne : "*Jusqu'à mes 27 ans, je suis sortie avec trois hommes dans des relations plus ou moins longues, trois, un an et demi mois et trois ans. Un jour j'ai eu l'occasion de coucher avec une femme et même si j'étais quelque peu anxieuse, j'ai saisi l'occasion d'élargir mes horizons. La seule nuit partagée avec elle a été pour moi un choc et une révélation. Nous avons fait l'amour pratiquement toute la nuit. C'était doux, tendre. Elle était attentive, patiente, à l'écoute de mon plaisir autant que je l'étais du sien. Aujourd'hui, même si je ne me considère pas comme une lesbienne puisque j'aime les hommes et qu'ils m'attirent, je suis désormais consciente que je partage beaucoup plus de plaisirs avec les femmes et m'en passer aujourd'hui serait très frustrant.*"

Karine B., lesbienne, vit à Bruxelles et explique : "*Je suis 100% lesbienne, je n'ai jamais couché avec un homme et si j'ai eu de nombreuses copines, je n'ai jamais accepté la pénétration. Je n'en ressens simplement pas le besoin ni l'envie, ça ne m'empêche absolument pas de faire l'amour, d'avoir beaucoup de plaisir, de partager des orgasmes fabuleux avec ma copine et de lui en donner.*

D'après Audrey, lesbienne originaire de Bordeaux : *Ma copine et moi sommes en couple depuis six ans et nous avons testé tout* ce qui peut l'être sexuellement. Mais ce que j'aime et ce qu'elle aime, c'est quand nous faisons l'amour comme des hétéros, les yeux dans les yeux, peau contre peau. Quand j'en parle à mes amis de l'université, ils me croient pas, me demandent d'expliquer comment on peut faire sans pénétration. Et bien les contacts et les frottements de notre corps suffisent à nous donner un plaisir qu'aucun objet, qu'aucun pénis, qu'aucun cunnilingus ne pourrait nous donner. Nous n'avons pas besoin d'extravagance, de fantaisies particulières quand nous faisons l'amour et nul besoin de nous mettre dans des positions acrobatiques. Le simple fait de nous regarder, de nous connecter l'une à l'autre nous suffit et presque neuf fois sur dix, nous atteignons l'orgasme en même temps, ce que de nombreuses de mes amis hétéros semblent ne pas comprendre.

Les sex-toys !

Longs, petits, gros, bleus, gris, rose, chair, en forme de pénis ou de lapin, les sex-toys ont vu leur notoriété grimper depuis les années 2000 que ce soit chez les femmes hétérosexuelles, les bis ou lesbiennes. Terminé les tabous du sexe, les soirées Tupperware s'ouvrent désormais aux objets coquins que certaines dames gardent dans leur tiroir autant qu'un paquet de préservatifs.

Mais qu'en est-il chez les lesbiennes ? Les sex-toys, qu'en pensez-vous ? Inutile, rédhibitoire, à l'occasion ou indispensable ? Vos réponses :

Karo Line : Pas indispensable, mais amusant que ce soit avec les filles ou les garçons, en couple ou célibataire. L'un de mes ex. (homme) m'a d'ailleurs une fois accompagné dans un sexshop pour qu'on achète ensemble un god ceinture. (Je le soupçonne d'être bi comme moi) et on a eu beaucoup de plaisir. Je pense que les sexes toys permettent de donner une nouvelle vision à la sexualité d'un couple. Le sexe devient plus amusant et les toys font tomber bien des barrières. Moi qui étais très pudique, j'ai pris goût à les utiliser avec n'importe lequel de mes partenaires.

Nathalie GD : Moi, franchement, je suis plutôt bonne cliente, ça dépend de l'humeur selon si on a envie de câlins tendres ou des câlins plus coquins... quoi qu'il en soit, il faut se faire plaisir dans tous les sens du terme, donc, il faut écouter les envies et désirs de l'autre et ne pas avoir peur d'exprimer les siens !

Nabiha L. : Très utiles pour pimenter les jeux sexuels. Les utiliser peut aussi nous faire sortir de la routine sexuelle, surtout quand on est en couple depuis longtemps. Moi je suis fan de leur vibration quand au god-ceinture j'en suis complètement accro.

Anne B. : C'est franchement quelque chose qui me met mal à l'aise et que je trouve inutile. En tant que lesbienne assumée, je n'aime pas les pénis et forcément, je n'aimerai pas plus n'importe quel objet qui y ressemble.

Steph F. : Ben c'est assez marrant je trouve. Sérieux ! Il y en a des sympas. Ça permet de pimenter un peu le couple et parfois de bien rigoler, surtout quand il faut comprendre le fonctionnement de certains joujoux. Ca booste la complicité je trouve, car avant de passer le cap, il faut en parler, dire ce qu'on aimerait ou pas essayer, et aller faire du shopping avec ma moitié je trouve ça plutôt amusant. Pourtant au début on faisait genre que ce n'était pas notre truc et tout, mais on n'en pensait pas moins, par timidité, je pense. Il ne faut pas non plus que ça devienne systématique, mais de temps en temps ça rajoute un p'tit quelque chose de plutôt sympa.

Chloé R : Je pense qu'un sextoy est utile que ce soit pour un homme ou une femme homosexuelle ou non. Je pense que c'est utile d'une part parce que ça nous donne du plaisir (maman, promis je n'en ai pas, lol), cela peux être un jeu avec son ou sa partenaire, quand on est célibataire en manque, ça sert (encore une fois je n'en ai pas), ou qu'en on est en couple et que son/sa partenaire n'a pas envie de faire l'amour pour X ou Y raison, il vaut mieux s'amuser avec un sextoy qu'aller voir ailleurs, coucher avec la première venue, et perdre la personne la plus importante de notre vie. Alors c'est utile :

Karine W. : seule ou accompagnée ? En célibataire pour s'occuper. En couple quand l'autre à la migraine. Et en couple pour pimenter. Ou à plusieurs pour pimenter et avoir plus de mains de disponibles ! Mais dans ce cas, je dirais : attention à l'hygiène ! Ne pas passer d'une fille à l'autre sans changement de préservatifs. Ben oui ça nous sert aussi !

Sakina C. : Je n'ai encore jamais essayé, ma copine en a parlé une ou deux fois et j'avoue que même si je n'ai aucun souci à prendre du plaisir je ne serai pas contre le fait d'essayer pour pimenter un peu l'acte.

Les coups d'un soir *ou one-night stands*

Si on sait que les gays sont plus ouverts à ce qu'on appelle vulgairement "les coups d'un soir", les lesbiennes sont quant à elle plus réservées, discrètes ou complètement réfractaires à la question. Les aventures d'un soir sont pourtant une réalité, aussi bien chez les hétéros que les LGBT, même si côté fille/fille on reste fleur bleue, romantique et adepte des romances à l'eau de rose.

Si certaines lesbiennes ne veulent pas y songer (*le sexe sans amour, c'est mal...*), d'autres prennent ce qu'il y a à prendre sans se poser de question et profitent des cadeaux de la vie au gré de leurs rencontres.

Mais pour bien situer le contexte, qu'est-ce qu'un coup d'un soir ? Voici la définition la plus simple : le coup d'un soir est une aventure sexuelle impersonnelle et sans lendemain avec une parfaite inconnue.

L'avez-vous testé ? Qu'en pensez-vous ?

Véronique S. : Je ne l'ai jamais expérimenté, je suis nulle pour flirter avec une femme qui me plait et dure d'approche à ce qu'il parait alors...

Mélanie K. : Je ne peux pas répondre, je ne l'ai jamais fait, je suis trop fleur bleue pour ça et je ne bois pas donc pas envisageable pour moi ! Mais après, pourquoi pas pour s'éclater quand on y arrive.

Déjanire D. : Comme je le dis souvent : les coups d'un soir ça peut créer des histoires un jour, par contre, ça ne me gênerait pas d'essayer, enfin, un soir, histoire de changer...

Virginie R. : J'ai déjà tenté. Ce fut une bonne expérience, mais sans qu'il n'y ait eu quelque chose derrière. Personnellement il faut qu'il y ait de l'attirance, mais aussi un petit quelque chose, un "truc" en plus. Après, ça pourrait déboucher sur une éventuelle relation, mais dans mon cas non. Un soir c'est un soir, après ça part sur une sex-friend.

Ludivine W. : J'ai tenté plusieurs fois, mais je me suis rendue compte que je n'arrivais pas à aller jusqu'au bout, car si je n'aime pas la personne, je ne peux pas coucher.
Et puis franchement, avec le recul, ça ne me dérange aucunement.

Emmeline M. : génial pour l'ego et la découverte... Qui n'a pas rêvé de tester tous les parfums de sucettes ?! Par contre, on n'aime pas tous les goûts, couleurs, formes textures alors on revient à ce que l'on préfère évidemment.

Sakina C. : Je le faisais quand j'avais dans la vingtaine et je ne recommencerais pas, car j'ai pris conscience plus tard que ça ne m'a rien apporté de bon, au contraire il y a eu trop de « dramagouines » pour une histoire qui – ça avait été dit – ne durerait qu'une nuit. Ce qui m'a vraiment fait arrêter, c'est quand deux jours plus tard une fille avec qui j'avais couché a été voir son médecin pour une mycose vaginale, j'ai vraiment eu de la chance de ne pas l'attraper, en soit une mycose ce n'est pas ce qu'il y a de plus grave, mais c'est gênant et je me suis rendue compte que je pouvais attraper pire. C'est après cette prise de conscience que j'ai réalisé que les risques médicaux, en plus des drames, ça ne valait pas le coup, ça m'a vraiment posé mentalement.

Karen D. : Oui ça m'est arrivé, mais comme je m'attache assez vite j'espérai que ça puisse mener a du plus sérieux, mais ce ne fut pas le cas!

Laura M. : J'ai testé, un peu trop souvent, et ça n'a pas toujours fini bien pour les autres. Maintenant je préfère des "sex-friends" : tu mets les choses au clair dès le départ quant à la nature de la relation. Ça fait moins de partenaires "d'un soir", c'est plus sécurisant. Je ne dis pas "non" pour les coups d'un soir à partir du moment où les deux partenaires peuvent coucher sans avoir de sentiments : Ou du moins ne pas en souffrir. Et ce n'est pas possible pour tout le monde.

Claire A. : Le problème des coups d'un soir c'est surtout le moment où on choisit sa conquête. Parce qu'une fois bourrée, on a l'impression de coucher avec Monica Bellucci et finalement au réveil c'est plutôt : Susan Boyle. Le seul principe c'est de se protéger sexuellement parlant parce que les MST, ça se transmet aussi entre lesbiennes.

Élodie L. : Quand on est en mode célibataire et qu'on veut s'amuser, c'est vraiment pas mal. Il n'y a pas prise de tête à attendre en retour. Tu passes la nuit avec ta conquête et le lendemain matin chacune refait sa vie de son côté.

Sweeth E. : Très pratique quand tu as les hormones dans le tapis, mais que tu n'es pas prête à t'engager. Tant que c'est bien compris pour les 2 parties, où est le mal à se faire du bien et se procurer un peu d'affection et de tendresse quand on a le moral bas ou préoccupé... C'est ma vision des choses.

Nathalie G. : J'ai eu ma période, mais franchement, ça n'a qu'un temps, ça n'apporte pas grand-chose au final, ça fait du bien à l'égo sur le moment, car c'est toujours agréable de plaire, mais c'est comme l'alcool, le lendemain on déchante... Et perso, je finissais par me trouver minable... et puis faire l'amour avec la femme que l'on aime est juste incomparable. Les coups d'un soir sont des souvenirs bien fades à côté...

Karine W. : Indispensable lol. Ça fait du bien des histoires sans lendemain aussi. Et puis on peut avoir des surprises. Ça fait 5 ans que je suis avec ma copine qui ne devait être, pour moi, qu'un coup d'un soir ! comme dirait Forrest Gump : les filles c'est comme une boîte de chocolat tu ne sais jamais sur quoi tu vas tomber. Et puis ça permet d'éviter les mauvais coups. Y'a pas que l'amour dans la vie y a le sexe aussi.

Katia R. : Si personne ne souffre de cela et si c'est fait dans le respect de chacune pourquoi pas... Mais faut en être capable, ce qui n'est pas mon cas...

Des avis divers, variés, adaptés à l'état d'esprit de chacune et des récurrences, notamment sur l'alcool. À croire qu'une lesbienne qui se laisse aller à des coups d'un soir ne pourra pas le faire si elle est sobre. Oops.

Le problème avec les coups d'un soir, ce n'est pas de "tirer son coup". Sous l'euphorie d'une sortie, de l'engouement d'une bonne soirée, on discute, on s'ouvre. Oui, l'alcool désinhibe et certaines se sentent capables de tout sans parfois songer aux conséquences de leurs actes ou de leurs paroles. On rencontre une jolie fille, on sent que le courant passe et on se dit :"pourquoi ne pas finir cette soirée en beauté en la raccompagnant chez elle ou en l'invitant chez moi ?". Vite pensé, vite dit, vite fait, vous vous retrouvez dans son lit ou le vôtre pour une nuit de lâcher-prise, de dévergondage total et surtout une nuit pleine de luxure.

Mais voilà... Une fois l'excitation de l'instant consommé, comment vous sentez-vous le lendemain quand vous vous réveillez et que vous vous regardez dans une glace ? Parce que, qui dit "coup d'un soir", dit aussi partager une partie de votre nuit avec une parfaite inconnue et donc, une partie de votre intimité. Que vous alliez chez elle ou qu'elle vienne chez vous, le lendemain sera toujours un problème, quand bien même vous vous êtes mises d'accord sur un point : ce soir, c'est juste du sexe et rien d'autre.

Voici trois questions à vous poser après un

coup d'un soir pour savoir si c'était une bonne idée :

- Vous vous réveillez chez elle avec, peut-être, une gueule de bois phénoménale. Vous êtes obligée de lui parler, de vous rhabiller dans vos vêtements de la veille et vous ignorez peut-être où vous avez dormi. Vous devez rentrer chez vous, trouver votre voiture, un taxi, un arrêt de bus ou une bouche de métro. Vous avez mal à la tête, vous êtes encore fatiguée parce que vous avez mal dormi, définitivement, la journée commence bien vous ne trouvez pas ?

- Ce coup d'un soir ne tombe-t-il pas, justement, sous le coup d'une séparation désastreuse avec votre copine ou peut-être la copine de cette fille dont vous avez déjà oublié le prénom ? Vous sentez-vous accomplie, désormais plus heureuse d'avoir donné votre corps à une autre ?

- Était-ce vraiment un coup d'un soir ou ressentiez-vous auparavant de l'attirance pour cette fille que vous aviez déjà croisée par le passé ? Pensez-vous franchement qu'une histoire d'amour peut démarrer ainsi ? À l'inverse, peut-être saviez-vous d'ores et déjà que cette fille vous tournait autour et vous aviez vous-même abusé de la situation ? Comment vous sentez-vous ?

Si vous en parlez autour de vous, vous vous

rendrez compte que la très grande majorité des lesbiennes ne sont pas adeptes des coups d'un soir. En tout cas, celles de mon entourage m'ont témoigné de leur expérience désastreuse en la matière. Les lesbiennes qui ne sont pas en couple – nous l'avons vu dans un chapitre précédent – ont pour objectif premier de trouver la femme de leur vie et de rester avec. Pour cette raison, ce qui doit être considéré comme un coup d'un soir n'est rien d'autre qu'une porte d'entrée dans l'intimité de l'autre dont on espère bien plus qu'une relation sexuelle.

Bien entendu, ce chapitre n'est pas une critique de celles qui pratiquent les "one-night stands". Comme il est coutume de dire au Québec "Vivre et laissez vivre" ou plus explicitement : ne jugez pas les gens, respectez-les, laissez-les vivre, car ils font de même.

De mon point de vue « *à moi personnellement* », le coup d'un soir n'a d'autre objectif que de rassasier un corps ou un esprit en manque (ou en souffrance) de la même façon qu'un menu Big Mac chez MacDo coupera ponctuellement la faim jusqu'à rentrer chez nous pour un bon repas. Dans les deux cas, c'est du Fast Food qui vous laissera la plupart du temps frustrée par une indigestion.

Maintenant, si vous tenez absolument à profiter de la vie, voici quelques conseils pour que vos "coups d'un soir" ne vous laissent pas un goût amer ou un sentiment de malaise sur du long terme :

1.   Ne ramenez pas les filles chez vous. Votre maison, votre appartement, votre nid, c'est votre intimité, votre antre personnel, votre refuge qui doit rester privé. Privilégiez donc d'aller chez vos conquêtes d'un soir, ce qui vous permettra aussi de mettre les voiles quand bon vous semblera.

2.   Qui dit "coup d'un soir" dit aussi vite fait, bien fait. Ne vous élancez pas dans des expériences nouvelles visant à tester votre souplesse pour poursuivre votre application du Kama Sutra. Vous ne connaissez pas les goûts, les désirs de votre partenaire sexuelle temporaire, pas plus qu'elle ne connaît les vôtres.

3.   Le lendemain matin, ne l'invitez pas à prendre un petit déjeuner ou un déjeuner. Un coup d'un soir, ça veut bien dire ce que ça veut dire : vous n'êtes plus supposées vous revoir. Le cas contraire, vous ouvrez la porte à

une véritable relation et ce n'est pas forcément ce que vous vouliez, n'est-ce pas ?

4.   Quand vous partez, ne culpabilisez pas si vous refusez de la revoir et qu'elle vous regarde d'un petit air déçu. Revenir au point 3 si vous avez dans l'idée de faiblir à ses requêtes.

5.   Restez courtoises en tout temps. Si vous la revoyez plus tard – ce qui est fort probable si vous fréquentez les mêmes endroits – restez courtoise et saluez-la.

Les plans à trois

Qu'on soit sainte ou non, en couple ou célibataire, le jour arrive tôt ou tard où l'on se pose cette question : sommes-nous prêtes pour un plan à trois, ou a-t-on envie de partager son corps et son intimité avec deux autres personnes ? Deux cas de figure se présentent alors : soit on est la fille célibataire invitée à rejoindre les deux tourterelles (on ne parlera pas ici de couple hétéro), soit on est en couple et l'on envisage de proposer à une tierce personne de nous rejoindre, histoire de pimenter les choses et d'élargir nos horizons. Le faire est une chose, l'assumer en est une autre. Alors les plans à 3, avez-vous testé ? Si oui, qu'en pensez-vous ? Sinon, avez-vous déjà songé à l'expérimenter ?

Vos avis sur la question :

Manuella A. : Oui, j'ai déjà eu une histoire à trois pendant six mois. C'était le bazar, trop de jalousies. Sinon expériences sexuelles a trois oui, et là ça se passe bien quand il n'y a pas de sentiments.

Mélanie K. : Oui déjà expérimenté. Ma copine et moi avons adoré, l'autre aussi, mais ça a créé des embrouilles, car elle est tombée amoureuse de ma copine... Du coup, on a plus trop de contact.

Steph F. : Oui déjà testé. Mais honnêtement, je n'ai pas vraiment accroché, c'était juste un délire entre potes à une soirée assez alcoolisée, ça n'a pas été plus loin et on n'a jamais recommencé. Je ne dis pas que c'était complètement nul, mais ce n'est pas mon truc en fait.

Nabiha L. : Étant exclusive et possessive je ne l'ai jamais expérimenté et je ne crois pas un jour le faire

Karo L. : Absolument ! Avec mes deux ex en plus, je ne vais pas tout raconter sur le mur, mais si vous voulez je peux vous l'envoyer en privé, car c'est long à raconter et plutôt coquin....

Anne J. : Pas du tout. Je ne peux et ne veux pas faire l'amour sans sentiments, donc c'est avec ma compagne, quand j'en ai une, ou pas du tout.

L'Orpheline : Tant que les sentiments amoureux n'interfèrent pas dans le trio, je pense qu'il n'y a pas de soucis, mais après, ça peut être compliqué à gérer si certains sentiments se font ressentir, donc no feeling OK, si feeling attention.

Laura M. : testé, à trois et plus. Ce n'est pas ce que je préfère. Ça reste sympa, de temps à autre, pour en profiter, mais étrangement c'est quelque chose à la fois d'intime et de terriblement étranger.

Sophie C. : Pour ma part je ne l'ai jamais fait... Mais j'aimerais bien. Ma femme ne veut pas, donc je pense que je ne testerai jamais.

Isabelle R. : Je suis restée 6 ans avec une fille. Nous étions deux couples, amis depuis 3 ans toujours ensembles. L'une d'entre elles a réussi à nous draguer et nous mettre dans son lit, chacune à notre tour sans que nous le sachions. Et puis ensuite au détour d'une soirée, on a fini à trois dans un lit. Expérience sexuelle, puisque c'est du sexe, intéressante, enrichissante, nouvelle et à part. Le plus bizarre est certainement de voir quelqu'un d'autre donner du plaisir à la personne avec qui l'on vit. J'étais plus jeune et certainement pas amoureuse pour avoir pu faire ce plan à trois. Je reste persuadée que ce genre d'expérience est mieux lorsque les personnes n'ont pas d'attache. Et aujourd'hui, vivant un véritable amour, je ne peux ni ne veux réitérer cette aventure.

Emmeline M. : Oui, j'ai eu cette occasion. Ce qui était génial c'était ma jeunesse, 19 ans, mon célibat et mon envie féroce de plaire et de tester différentes partenaires. Je voulais des sensations extrêmes, l'apologie de la séduction des plaisirs, etc. Pour l'ego, la découverte, l'expérience c'est formidable, ou du moins pour moi ça le fut à chaque fois, mais c'est uniquement physique je ne conçois pas de le faire dans l'émotionnel.

L'histoire de Chloé M., 31 ans, Toulouse.

Une fois j'ai expérimenté une relation à trois. J'ignore si je regrette ce qui s'est passé, mais cette expérience m'a ouvert les yeux sur ce que je suis capable d'accepter ou non quand je suis en couple.

À l'époque, j'avais 27 ans, je venais de me séparer de ma petite amie Émilie depuis quelques semaines. Notre relation n'avait duré que 4 mois au total, une relation intense, difficile à cause de nos emplois du temps respectifs et de son ex Caroline qui la harcelait. Nous nous étions toutes deux avoué nos sentiments. Elle m'aimait, je l'aimais, et pourtant sur un ultimatum de son ex, Émilie décida de me laisser pour retourner avec elle, tenter de recoller les morceaux de sa plus longue relation. Dans la balance, ses 5 mois avec Caroline ne pesaient pas bien lourd avec nos 4 mois. Je ne pouvais rien faire pour la retenir même si je savais au fond de moi qu'elle m'aimait sincèrement. Malgré une peine indéfinissable, je me résignais à tourner la page, à couper les ponts. Après un deuil d'une semaine durant lequel je m'étais recadrée, je décidai de ressortir. Tomber de cheval était une chose, il fallait bien remonter en selle et je détestais m'apitoyer sur mon sort.

Je sortis donc dans le bar lesbien où j'avais l'habitude d'aller prendre un verre ou deux le soir après les cours. Malgré elle, malgré moi, je la vis avec Caroline alors qu'elles ne sortaient presque jamais dans ce bar. Peu m'importait. J'avais un peu bu, avais retrouvé de nombreuses amies, cela m'importait peu de les voir et surtout de constater combien Caroline marquait son territoire, enlaçant Émilie en prenant soin de bien s'afficher devant moi. Je trouvai ça minable, moi qui avais eu de la compassion pour elle quand Émilie l'avait quitté pour qu'on sorte ensemble.

Au fait, j'avais oublié de vous préciser : Caroline était aussi mon ex. Nous étions sorties ensemble pendant six mois, sept ans plus tôt. Je l'avais quitté par manque de sentiments et parce qu'elle était devenue trop possessive et caractérielle.

Alors son petit jeu visant à me rendre jalouse ne fonctionnait pas. Malgré ma peine, je sentais les regards d'Émilie sur moi, constatais la sienne qui me touchait bien plus que la parade pseudo-amoureuse et cruellement vindicative de Caroline.

Je continuais ma soirée, profitais des verres qu'on m'offrait et d'une jolie demoiselle qui ne cessait de quémander mes attentions depuis le début de la soirée. J'ai oublié son prénom, appelons-la Amandine, mais je me souviens qu'elle n'avait que dix-sept ans et qu'il était hors de question que j'accepte ses avances, aussi adorable et jolie fût-elle.

Je partis aux toilettes et Amandine me suivit. Les toilettes étaient étroites. Il y avait deux portes menant aux w.c. et un lavabo où une fille se lavait les mains. J'attendis qu'une porte s'ouvre, la fille sortit et Amandine, ivre, me plaqua littéralement contre le mur pour m'embrasser. Je la laissai faire, peu enthousiaste, déboussolée par l'alcool, par le manque d'Émilie et finis par la reculer.

— Arrête Amandine, t'es ivre et moi aussi, c'est pas une bonne idée, crois-moi.

— Et alors, c'est pas grave, on peut profiter de la soirée.

Je ne profiterais en rien. J'étais tendue et me demandais maintenant ce que je faisais ici ce soir, dans ses toilettes étroites au lieu d'être au fond de mon lit, au chaud, à regarder un film comme "Titanic" ou "Bridget Jones" à me goinfrer de

Crunch.

La porte s'ouvrit à la volée et la seconde suivante Émilie se tenait là, devant moi, Amandine entre nous.

– Qu'est-ce que tu fais avec elle ? accusa-t-elle spontanément.

Mon expression devait refléter tout mon étonnement. Mon cœur battait la chamade, mes yeux brillaient en regardant Emily plantée devant nous...

– Ce que je fais avec elle ? répétai-je bêtement...

– Tu sais qu'elle n'a que dix-sept ans ? lança Émilie.

Je rêvai ! De quoi se mêlait-elle et en quoi avais-je à me justifier devant elle ? Puis les rumeurs courraient vite alors que je ne connaissais Amandine que depuis quelques heures. Émilie m'énervait déjà !

– Hé, ça ne te regarde pas, intervint Amandine, t'es plus avec elle alors laisse-nous.

Du haut de ses dix-sept ans, je me souviens encore de l'aplomb d'Amandine. La jeune "ado" – comme tout le monde se plaisait à la taquiner – faisait tout ce qu'il fallait pour faire la grande. (Une amie m'apprit plus tard qu'elle espérait ma rupture avec Émilie depuis des mois). Malgré son intervention, ce qui se passait avec Émilie ne la regardait pas et je lui demandai :

– Écoute Amandine, tu n'as qu'à retourner au bar avec les autres, je reviens...

– Je ne vois pas pourquoi je sortirais.

– S'il te plaît... insistai-je.

Elle refusa de sortir et la porte s'ouvrit une nouvelle fois, mais sur Caroline. En cet instant, je pensai que c'était le pompon. En tant que militaire assumée, Caroline était violente en plus d'être agressive.

– Qu'est-ce que vous faites ? interrogea Caroline.

Son regard bleu acier était d'une froideur que je n'oublierai jamais. Aussi fascinant, profond, que terrifiant. En un coup d'œil, je constatais que sa jalousie était demeurée intacte malgré les années passées. Elle semblait toujours aussi agressive, sûre d'elle, contrôlante. Émilie était à elle, son territoire, et elle comptait bien le marquer une fois de plus. Je n'avais ni l'envie ni la tête à l'affronter et jugeai que le moment était venu de partir.

– On ne fait rien, je vous laisse.

Je préférai abréger, voulus sortir, m'échapper de

ce guet-apens dans lequel je me trouvai, mais Caroline me retint par le bras.

– Non, tu peux rester, mais Amandine elle sort !

Elle s'adressa à elle d'un ton froid :

– Tu nous laisses s'te plaît, faut qu'on parle.

Retournement de situation. Amandine me regarda d'un air incertain et je préférai la rassurer, lui fit signe qu'elle pouvait y aller.

– Je te rejoins dans un instant, lui dis-je.

Elle hésita puis sortit finalement et je me retrouvai seule avec Émilie et Caroline qui enchaîna :

– Tu sors avec elle ?

– Non...

Un coup d'œil vers Émilie qui avait croisé les bras et me détaillait d'un regard accusateur :

– Pourquoi elle t'embrassait alors ? enchaîna Émilie.

– Je ne sors pas avec elle et même si c'était le cas je ne vois pas en quoi ça vous regarde autant l'une que l'autre !

Voilà qu'elle m'énervait toutes les deux, de quoi se mêlaient-elles franchement ?

– De toute façon j'allais partir ! lançai-je, alors bonne soirée.

Je m'apprêtais à passer entre elles pour sortir, mais Caroline se posta devant la porte et plongea son regard bleu dans le mien.

– On rentre nous aussi, tu veux qu'on te ramène, c'est sur notre route.

J'allais de surprise en surprise et n'en revenais pas de cette proposition qui venait de nulle part après toutes ces tensions. Dans mes derniers souvenirs, Caroline me détestait. Non seulement parce que je lui avais brisé le cœur des années auparavant, mais parce qu'Émilie l'avait quitté pour moi quelques mois plus tôt. Cette proposition était-elle destinée à me piéger, à faire la paix ? J'osai croire en cette dernière option en constatant son air moins agressif.

– OK, abdiquai-je.

Caroline sortit la première et je lançai un regard incompréhensif à Émilie. Je n'avais pas vraiment envie de lui parler, n'étais pas vraiment prête à faire semblant d'être son amie. Mes sentiments étaient toujours là, à vifs, douloureux. Je récupérai ma veste, saluai les filles avec qui j'étais et je me souviens encore de leur étonnement quand je leur annonçai qu'Émilie et Caroline me raccompagnaient. Je ne voulais pas réfléchir davantage ou songer à ce que toutes ces filles penseraient en connaissant les complications de notre triangle amoureux. Nous voir partir toutes les trois ferait clairement parler de nous, mais je m'en fichais. Je préférai encore me dire que la vie pouvait réserver de bonnes surprises et que de voir Émilie avec Caroline aurait le mérite de me soigner d'Émilie.

Je montai sur la banquette arrière et Émilie démarra, Caroline sur le fauteuil passager. Il devait être une heure du matin et le temps du trajet, Caroline lança un disque de Benni Bennassi dans le lecteur CD. Elle souriait, détendue, riait et se tournait vers moi, me rappelant les soirées que nous avions partagées à l'époque où nous sortions ensemble.

– Ca fait bizarre de nous retrouver toutes les trois comme ça pas vrai ?! lança-t-elle en souriant.

Je regardai Émilie dans le rétroviseur. Depuis l'apparition de Caroline dans les toilettes, il me semblait qu'un accord tacite s'était fait entre nous. Nous ne parlions plus qu'à travers des regards équivoques.

– C'est sûr, approuvai-je.

Elle commençait à danser depuis son siège, plaisantais. Gênée, Émilie expliqua :

– Excuse-la, elle a trop bu, je ne sais pas ce qui lui prend !

– Oh ça va, rabat-joie ! On peut encore faire un peu la fête. C'est pas comme si Chloé et moi on ne se connaissait pas ! Pas vrai Chloé ?

Je ne pouvais pas dire le contraire, mais la tension qui s'installait dans la voiture était vraiment étrange. J'étais sortie avec l'une, puis l'autre, toutes les deux étaient aujourd'hui un couple et je me demandai ce que je faisais dans leur voiture... Le pire restait à venir :

– Et si on te ramenait chez nous ! lança Caroline.

Mes yeux s'agrandir tandis qu'Émilie venait soudainement de regarder Caroline au lieu de regarder la route.

– T'es sérieuse ? demanda Émilie avant de se reprendre et de redresser le volant.

J'entendis dans le ton de sa voix une question pleine d'espoir. Émilie attendait une réponse positive de la part de Caroline. J'étais sans voix, me disais que cette idée était folle, stupide, immature, irréfléchie, digne de la Caroline que j'avais quittée alors que la réaction d'Émilie était adorable et si naïve. Étais-je la seule à mesurer la folie de ce plan qui serait forcément foireux. J'intervins :

– C'est franchement pas une bonne idée !

– Pourquoi ? lança Caroline en me regardant, on a qu'une vie quoi... Puis on se connait pas vrai ?!

Elle insistait et entre l'envie de retrouver Émilie et celle de fuir cette voiture et les idées pleines de luxure de Caroline, mon cœur balançait. Je devinais clairement les intentions de Caroline, mais en temps normal et me connaissant, je n'aurais jamais accepté ou eu l'idée de ramener chez moi l'ex de ma petite amie étant aussi mon ex.

– Aller chérie ! lança Caroline à Émilie sans attendre ma réponse, on va chez nous.

Je restais muette, victime consentante d'un plan que je n'avais pas le moins du monde prévu et dont j'ignorai l'issue. Peut-être était-ce le moment d'arrêter la voiture, de prendre un taxi et de rentrer. Peut-être devais-je cesser de réfléchir, prendre ce qui pouvait être pris, même s'il ne s'agissait que d'un baiser sur les lèvres d'Émilie.

Quelques minutes plus tard, Caroline ouvrait fièrement la porte de leur appartement où elles vivaient depuis cinq ans. J'entrai, en profitai pour jeter un coup d'œil à la décoration. Voir comment elles vivaient m'en apprenait un peu plus sur Émilie dont je croisais perpétuellement les regards inquiets, amoureux et insistants. Je savais au fond de moi qu'elle n'avait pas objecté parce qu'elle aussi voulait me voir. J'osai croire par la même occasion que Caroline se tirait une balle dans le pied en faisant entrer le loup dans la bergerie.

Caroline alluma la chaîne stéréo et lança un disque de Mylène Farmer, un classique. Elle nous servit deux verres de vin et me prit la main pour me guider vers le canapé.

– Toi tu t'assis là !

Je m'exécutai, me demandant ce qu'elle préparait. Elle prit la main d'Émilie et l'assit à côté de moi.

– Et toi ici...

Elle s'éloigna vers une porte que je devinais être la chambre et se retourna :

– Et pas la peine de vous embrasser pendant que j'ai le dos tourné !

Elle ne plaisantait qu'à moitié et avait dû deviner mes intentions qui semblaient claires. La porte se referma et je regardais enfin Émilie qui demeurait silencieuse. Au fil de notre relation, j'avais su qu'elle craignait Caroline, ses côtés autoritaires qui ne m'avaient jamais impressionné pour ma part. Je la sentais incertaine, mais percevais aussi un sentiment de soulagement émaner d'elle.

– Ça va, toi ? me demanda-t-elle enfin.

Je souris sur cette question décalée à notre situation.

– Franchement Emi ? Là je ne suis pas très sûre...

Elle me renvoya mon sourire. On se retrouvait toutes les deux assises l'une à côté de l'autre comme deux enfants conscientes d'avoir fait une grosse bêtise ou s'apprêtant à en faire une.

Puis la porte se rouvrit. Caroline s'était changée et je n'en revenais pas de ce que j'avais sous les yeux. Elle avait enfilé un peignoir de satin ouvert sur un magnifique ensemble de dessous rouge avec porte-jarretelle.

Jamais auparavant je n'avais été sensible à ce genre de tenue, ni même au corps de Caroline, mais peut-être le dernier verre de vin m'aidait à oublier ce que nous avions vécu pour profiter du moment présent. Elle vint devant nous, le regard espiègle. Je réalisai qu'elle avait tout prévu et qu'elle était désormais en train de nous allumer avec une assurance à toute épreuve. Est-ce que ça marchait ? Je m'avouai à contrecœur que je ne restais pas indifférente et une série de questions s'imposait à moi. M'avait-elle ramené ici pour que je la regarde faire l'amour avec Émilie ? Cette idée me semblait atrocement perverse, et j'eus ma réponse quand elle se glissa sur moi à califourchon et captura mes lèvres pour m'embrasser.

J'hallucinais complètement, mais laissais faire. Elle prenait mes mains, les ramenait sur son corps. Je réalisais maintenant que sept ans plus tôt, Caroline et moi n'avions pas vraiment couché ensemble et qu'en cet instant, je n'avais pas plus envie de coucher avec elle. Puis elle se recula et tira Émilie vers nous qui – elle me l'avoua plus tard – était restée figée, à la fois inquiète et excitée en nous regardant toutes les deux. Je pouvais le comprendre et la seule qui semblait réellement s'amuser sans se poser de questions était bel et bien Caroline. Elle embrassa Émilie, puis m'embrassa à nouveau. Elle coordonnait et ordonnait ce qu'elle voulait, et ce qu'elle voulait, c'était qu'Émilie et moi nous occupions d'elle.

Émilie commença à la déshabiller, à lui ôter un à un les beaux vêtements aguicheurs qu'elle portait. Puis Caroline, toujours assise sur moi, ôta mon chemisier, ne cessant de m'embrasser pendant qu'Émilie restait dans son dos. Je laissais faire et avais l'impression d'être présente sans l'être vraiment. Je "subissais" les assauts de Caroline, lançais des regards à Émilie et une autre part de moi analysait l'absurdité et l'indécence de cette situation nouvelle empreinte de luxure.

Nous finîmes dans la chambre, Caroline totalement nue, son corps offert à nos fantasmes, bien que les miens ne s'exprimeraient pas ce soir. Émilie d'un côté, moi de l'autre, Caroline était entre nous et après de nombreux baisers échangés, Émilie décida de descendre ses lèvres sur ses seins et son buste. Elle s'en allait là où je n'irai jamais, sous aucun prétexte et je me souviens qu'à cet instant, j'attendais qu'elle ait "terminé".

Elle termina et un silence étrange tomba dans la pièce, lourd après les gémissements de Caroline. Elle se remettait de son orgasme, je me remettais de ses cris à mon oreille, ne regrettant pas le moins du monde de ne jamais avoir couché avec elle quand nous étions ensemble.

Émilie se leva et disparut dans la salle de bains tandis que Caroline tournait son visage vers moi. Ses yeux bleus brillaient et je reconnaissais une étincelle familière dans son regard dont la lueur avait changé depuis le bar. J'étais peinée, peinée de ressentir une certaine détresse émaner d'elle. Les sentiments qu'elle dégageait n'avaient pas lieu d'être, n'avaient pas leur place dans ce genre d'ébats. Je réalisais peu à peu ce que nous avions fait, ce que j'avais fait, me sentais atrocement sale en plus d'être épuisée.

— Je travaille à sept heures, annonça-t-elle d'un petit sourire coupable.

Je lui souriais aussi tandis qu'Émilie revenait. Alors Caroline se leva et disparut à son tour dans la salle de bains. Enfin, Émilie et moi étions seules pour quelques minutes. Nous avions échangé si peu de mots et tant de regards. Ses lèvres affichaient un sourire incertain, coupable et pourtant heureux. Elle s'allongea près de moi et je sentis son haleine mentholée :

– Je suis contente que tu sois venue, avoua-t-elle.

L'étais-je ? Probablement quand je sondais ses prunelles vertes des miennes. Elle se pencha sur moi et m'embrassa enfin, répondant à toutes ces questions que je me posais. J'étais venue là pour elle. Ce que j'avais fait, ce qui me dégoûtait dans un sens, je l'avais fait pour Émilie, pour ces quelques secondes où je retrouvais la saveur de ses lèvres.

La porte s'ouvrit à nouveau et Émilie se recula :

– Hé ! Qu'est-ce que vous faites ?!

Je m'agaçai :

– On s'est occupée de toi toute la soirée, alors accorde-nous quelques minutes !

Caroline se tendit un peu, mais ne répondit pas. Elle savait qu'elle n'avait aucun contrôle sur moi, aucune autorité contrairement à Émilie qui la craignait.

Elle s'empressa de se glisser dans le lit, entre nous. Il devait être trois ou quatre heures du matin et il ne lui restait plus beaucoup de temps pour dormir. Le silence revint et nous nous endormîmes ainsi, toutes les trois pensives aux conséquences de ce qu'il venait de se passer.

Le réveil sonna le lendemain à six heures trente. Caroline s'empressa de se lever, de se préparer tandis qu'Émilie et moi restions au lit à nous regarder malgré une fatigue profonde.

– Je rentre à midi, expliqua Caroline. Tu seras encore là Chlo ? m'interrogea-t-elle.

– Je ne sais pas, murmurai-je mal réveillée.

– On pourrait sortir faire un bowling plus tard ! Continua-t-elle dans un enthousiasme que je ne comprenais pas après cette nuit courte. T'en penses quoi ?

Émilie restait silencieuse et me regardait en attendant ma réponse. Caroline m'interrogeait, moi, et pas sa petite amie, cela n'avait pas le moindre sens. Je me redressai, me recoiffai machinalement en regardant Caroline enfiler sa tenue. Était-elle cinglée, pensai-je, ou immature au point de vouloir nourrir une sorte de relation à trois avec Émilie et moi.

– Là il est un peu tôt pour moi, je ne suis pas en mesure de penser, tentai-je.

Elle rit puis vérifia sa montre.

240

– OK... Bon je dois filer !

Elle approcha du lit, embrassa Émilie.

– Je t'aime ma puce...

Elle se redressa et me regarda un instant.

– Toi aussi j't'aime Chlo... mais différemment, ponctua-t-elle.

Elle quitta la chambre sur ces dernières paroles, me laissant encore une fois figée par sa réaction. On entendit la porte se verrouiller avant que le silence ne revienne dans la pièce. Émilie se rapprocha aussitôt et m'enlaça en souriant :

– T'as entendu ce qu'elle t'a dit ?

Je l'avais clairement entendu, n'en revenais pas de constater qu'Émilie semblait s'en réjouir. Étais-je donc la seule à m'inquiéter de ce qui se passait ? Tout ça était vraiment trop bizarre et inhabituel.

– J'ai entendu, mais...

Je m'assis et regardai Émilie.

– Franchement Émi ! Ce qui s'est passé... C'est...

J'en perdais mes mots.

– Ça ne doit plus arriver!

Elle s'assit et s'approcha en posant sa main sur ma

241

cuisse.

– Je sais, mais au moins on se voit, on va pouvoir passer une partie de la journée ensemble !

Elle avait raison, mais tout n'était pas aussi simple.

– Je n'aime pas Caroline, ce qu'elle m'a dit... même si c'est mignon, ce n'est pas normal ! Je n'ai pas aimé ce qui s'est passé, je suis venue pour toi et...

Je sortis du lit et récupérai mes affaires puisque j'avais dormi en sous-vêtements.

– Ça ne doit plus se reproduire, je rentre chez moi.

– Je t'aime, lança Émilie.

Je m'arrêtai et la regardai intensément. Mon cœur réagissait toujours aussi fort sur ces paroles qu'Émilie n'avait prononcées que trop rarement. Je me sentais prise dans un étau, pourtant consciente de ce que je devais faire désormais.

– Moi aussi je t'aime Émi, mais un couple à trois, c'est pas pour moi. Tu as choisi Caroline, je respecte ta décision même si elle me fait mal, mais ne me demande pas de supporter ça, j'en suis incapable !

Je sortis dans le salon, me rhabillais, pris mon sac

à main et quittai l'appartement. En cet instant je pensai que cette expérience venait à point pour m'aider à tourner la page. J'étais prête à la tourner et pourtant, le soir venu, Émilie venait frapper à ma porte pour m'annoncer qu'elle me choisissait moi.

Nous sommes ensemble depuis treize ans aujourd'hui, plus complices que jamais, et Caroline a refait sa vie, mais demeure, aux dernières nouvelles, célibataire.

Petites complications sur Facebook

Facebook... Un outil merveilleux quand on a plein d'amis, un réseau social dangereux quand vous serez en couple. Combien de couples peuvent témoigner de leurs déboires grâce à ce célèbre et incontournable réseau social ? Combien d'entre nous ont eu de très mauvaises surprises en parcourant le fils d'actualité d'une ex. ou d'une petite amie ?

Voici vos réponses :

Yhzpoe F. : Mon ex et moi avions mis quelques photos de nous sur son Facebook. Son beau père ne devait pas savoir qu'elle était avec une fille, alors elle faisait en sorte qu'il ne puisse voir aucun de ses statuts. Mais même comme ça, par la magie de ce merveilleux révélateur de secrets qu'est Facebook, il eut accès aux photos. Et elle rejeta la faute sur moi si mes souvenirs sont bons. Sinon, elle m'a bloquée, donc aujourd'hui je n'ai aucune idée de ce qu'elle est devenue. Mes autres ex. n'avaient pas Facebook, donc de ce côté-là pas de problème. Le seul point négatif c'est quand j'oublie de me soucier des vieilles photos qui traînent dans mes albums et que ma copine tombe dessus... C'est toujours gênant !

Mélissa N. : J'ai découvert, à l'époque où j'étais avec mon ex, que celle-ci avait un deuxième Facebook sur lequel elle me trompait. Depuis 2 mois elle me trompait.

Aude M-h : Je suis sur Facebook et d'autres réseaux, ma femme également, mais nous n'allons jamais sur celui de l'une ou l'autre. Le sien étant plus professionnel je n'y parle jamais de nous et cela ne me dérange pas. Le mien est un bon moyen de lien avec des amis ou de la famille, et cela m'a permis de vivre mieux mon homosexualité par rapport à ma famille, je ne cache rien, et du coup je me fiche de ce que cela leur fait (facile cachée derrière un écran !) et c'est que du positif.

Lilith MF. : Mon ex était harcelée par un mec à son lycée il l'insultait parce qu'on était en couple, etc. Aujourd'hui elle est en couple avec lui et elle m'a bloqué sur FB...

Steph F. : Je pense que quand on est en couple c'est juste une question de confiance. Perso je n'ai jamais eu de souci avec ma femme parce que je ne suis pas du tout dans l'état d'esprit de draguer sur Facebook ou autre. On peut, certes, avoir quelques délires avec les copines, mais ça reste très sage et je ne lui cache rien. C'est sûr que si elle était jalouse ça ne serait pas pareil et ça pourrait créer des tensions dans notre couple. Donc question de confiance.

Karine V. : Mon ex observait tout sur mon Facebook... Si une fille (amie, cousine, collègue) commentait ou cliquait "j'aime", elle partait faire sa petite enquête sur le profil de la fille en question et se comparaît à elle par la suite. Les chicanes[10] que ça faisait... j'ai dû deleter[11] plein de monde sur mon Facebook pour éviter ses crises de jalousie. En dernier, c'était moi qui étais rendue méfiante tellement je trouvais son comportement exagéré (pourtant c'est tellement pas moi, ça).

Tania R. : Mon ex me harcelait à chaque fois que je postais un commentaire. Ça devenait infernal. Quoi que je misse, elle trouvait toujours le moyen de me faire une remarque, de me dire que ça se rapportait à elle et que je racontais sa vie sur Facebook. Je ne compte même plus le nombre de fois où l'on s'est disputé gravement à cause de Facebook. J'ai eu beau lui dire de me supprimer de

[10] Disputes en québécois

[11] Effacer

ces contacts, de ne plus me suivre, elle n'entend rien. Alors parfois je suis obligée de la bloquer sur certains statuts pour éviter des effusions de drames !

Barbara L. : Sur Facebook, l'une de mes ex a créé un faux profil et est venue me parler juste après la rupture pour savoir si j'avais encore des sentiments pour elle. Du temps où on était ensemble, elle me piquait mon téléphone quand je dormais pour aller visiter mon profil et voir qui me parlait. J'ai aussi rencontré ma dernière copine sur Facebook via un commentaire qui s'est allongé et nous sommes restées ensemble presque 3 ans. Ça a juste commencé par un statut sur un film. C'est un beau souvenir et une belle histoire, même si aujourd'hui c'est fini.

Emmeline M. : Ce n'est pas Facebook le souci, ce sont les gens... Qui doit te trahir te trahira, qui doit être tenté, cédera, qui est droit ne "likera pas".

En conclusion, des témoignages majoritairement peu réjouissants, plutôt même décourageants et pour cause...

En bref, Facebook, c'est quoi ?

Ni plus ni moins qu'un **journal intime géant, une fenêtre virtuelle ouverte sur toute votre vie.** Facebook est un puits d'informations sur vous, vos passions, vos activités, vos centres d'intérêt, votre personnalité, vos états d'âme, vos lectures, vos attraits politiques, votre famille, votre psychologie, en quatre mots : votre vie tout entière. Quiconque accède à votre profil peut consulter vos photos, votre fil d'actualités sur les dernières années écoulées durant lesquelles vous avez naïvement raconté votre vie sans vous poser la moindre question, sans songer que, mal paramétré, votre compte Facebook était l'antre de votre intimité. Pas seulement pour votre entourage familial, mais également vos connaissances lointaines, vos amis, vos ennemis, les amis de vos amis, votre patron ou futur employeur, mais surtout pour votre nouvelle copine, vos ex ou vos futures.

Savez-vous par exemple que des gens se sont fait licencier pour avoir insulté leur patron sur Facebook ? Triste nouvelle, mais tellement légitime quand on y pense ! Combien de mariages ont fini en divorce à cause d'un message, d'un statut – peut-être mal compris ou interprété.

Ne sous-estimez pas les dangers de Facebook pour votre couple, *et pas seulement*. Si la curiosité est un vilain défaut dont on accable généralement les autres, combien d'entre nous n'a jamais pianoté dans la barre de recherches de Facebook le prénom et le nom d'une ex ou d'une fille dont on était éperdument amoureuse quand on était adolescente ? De la même façon, que faisons-nous quand nous avons une nouvelle petite-amie ? On passe son profil au peigne fin. On fouille, on fouine, on trouve forcément des choses qui ne vont pas nous plaire : Statut amoureux avec une autre, photos avec une autre, voyages avec une autre, etc. On s'énerve, on devient suspicieuse, jalouse, parano... Et pour peu que l'ex soit plutôt jolie, on suppose... "Et si elle la voyait encore, et si elles s'écrivaient encore, et si elle l'aimait encore ?". Votre petite enquête ne mènera nulle part, épiez les statuts de votre dulcinée non plus. Ce n'est pas parce qu'elle poste une photo d'elle et de sa meilleure amie à la plage pendant que vous faites des heures supplémentaires au bureau qu'elle va vous tromper avec elle.

Jalousie, méfiance, doutes, rancœurs, incertitudes. Voilà les émotions négatives que Facebook fait naître en vous. Vous voulez l'exclusivité et découvrez que votre amante (ou future) est socialement active, entourée de contacts dont vous ignorez peut-être tout. Alors si vous êtes de celles qui sont en permanence connectées à Facebook, pour soi-disant garder le contact, il est temps de le couper. Certes, vous êtes accro, vous vous figurez que c'est pour vous le seul moyen d'avoir une vie sociale épanouie, vous avez tort. N'y racontez pas votre vie, vos disputes, vos petits soucis privés, vos pensées sombres. Et après une dispute, contrôlez-vous ! N'épiez pas chaque statut ou message que reçoit votre petite amie. Ne lui demandez surtout pas son mot de passe pour aller lire ses messages ! Ce que vous écrivez, votre petite amie ou future-petite-amie, pourra le lire et elle ne sera pas dans votre tête au moment où elle vous lira. Dites-vous aussi que la plupart des gens qui vous lisent sans vous connaître vont avoir une mauvaise image de vous si vous postez des statuts trop personnels — et malheureusement tous vos contacts ne sont pas forcément vos proches et amis qui pourront comprendre les raisons de votre statut. Combien avez-vous dans vos contacts de personnes que vous ne connaissez ni d'Ève ni d'Adam ? Peut-être est-il temps de faire un peu de ménage ?

Comprenez que vous ne savez pas qui peut se dissimuler derrière une photo, un clavier, un écran. Lesbienne ou non d'ailleurs, les personnes que vous acceptez sur Facebook dans votre cercle "d'amis" ne sont pas toujours saines dans leur vie et peuvent en venir à vous harceler sur le net, voire IRL ("In Real Life", *dans la vraie vie*). Alors, soyez prudentes !

Passer de sa situation amoureuse de "Célibataire" à "Couple"

À croire que Facebook est devenu une véritable Mairie virtuelle, de nombreux drames s'y déroulent chaque jour à cause de ce petit paramétrage de compte qui détermine si vous êtes seule ou en couple. On s'aime, on se dit "en couple avec...". Puis une dispute éclate deux jours plus tard, un clash, un coup de colère, on ne s'aime plus, on repasse de la situation amoureuse à "célibataire" et c'est la tragédie puisqu'aux yeux du monde, on se fait quitter ou on quitte. Arrivent les messages de soutien, de réconfort, toujours visibles par l'*ex. qui ne l'est pas vraiment*, et la tragédie se poursuit puisque d'autres disputes éclatent, pouvant mener au véritable divorce !

Comment protéger son couple sur Facebook ?

1. **Cessez de passer de votre statut "en couple" à "célibataire"** à la moindre dispute. Votre vie privée doit rester privée. Et cela inclus aussi de ne plus bloquer votre douce à chaque fois qu'elle vous tape sur les nerfs. Votre entourage, vos amis ou connaissances, sont des témoins silencieux de ce petit jeu et vous jugeront, émettront une opinion de vous qui ne sera pas forcément la réalité.

2. **Ne donnez pas vos identifiants à votre amante.** Chacune doit respecter l'espace "privé" de l'autre, son territoire virtuel. La confiance doit être absolue, et la communication adaptée pour éviter les doutes et les conflits.

3. **En cas de forts doutes, vous pouvez la rassurer et lui montrer les messages aguicheurs** que vous recevez et les réponses que vous y donnez. On se fait toutes draguer sur Facebook, davantage encore si Facebook est un support commercial pour nos activités professionnelles.

4. **Cessez de fouiller sa page**, et j'irai même plus loin, n'allez pas ouvrir les fichiers privés de son ordinateur ou son historique de navigations pour voir les sites qu'elle visite en votre absence ou vous assurez qu'elle ne fréquente aucun site de rencontre.

5. **Évitez de passer des heures sur Facebook** quand vous êtes ensemble, au restaurant, en balade, chez des amis. Déconnectez-vous un peu, vous verrez que la vie réelle est bien plus passionnante et votre amante cessera de se demander à qui vous parler !

6. **Supprimez les alertes sonores ou en mode vibration** à chaque fois que vous recevez une notification de Facebook. Il n'y a rien de plus agaçant que d'entendre un avertissement toutes les trente secondes à chaque fois que quelqu'un like (ou aime) la dernière photo du chaton que vous avez

postée il y a une demi-heure. Vous saurez que c'est le chaton, elle s'imaginera qu'une autre vous envoie des messages enflammés !

En conclusion, qu'il s'agisse de Facebook ou de toute autre façon de communiquer par appareil interposé, le virtuel est le pire ennemi des couples en général, hétéro, gay ou lesbien ! Téléphone, ordinateur, site Internet, réseaux sociaux, des outils merveilleux qui, utilisés à mauvais escient deviendront de violents vecteurs de suppositions, de doutes, de suspicions, parfois de disputes, ou pire, de ruptures.

Alors pour votre bien et celui de votre couple : débranchez !

Survivre à l'homophobie

L'homophobie (et par extension la transphobie) sont par définition la peur des homosexuels-les et des transgenres, des discriminations dont de nombreux LGBTQI sont victimes au quotidien, que ce soit dans la vie de tous les jours, de la part d'amis, de membres de leur famille, parfois d'inconnus, ou dans le monde du travail, de la part de collègues. Les phobies sont simplement des peurs excessives gérer à différents degrés par les gens qui les perçoivent. La peur entraîne le rejet, parfois la violence, l'agressivité. On ne connaît pas ou on ne comprend pas l'objet de notre peur, alors on le rejette.

Entre avoir peur de prendre l'avion, avoir peur d'une araignée ou de se retrouver seule dans un ascenseur, les phobies envers les êtres humains sont probablement les plus inconcevables. Xénophobie, christianophobie, homophobie, lesbophobie, glottophobie, etc., autant de peurs qui se révèlent et avec lesquelles les victimes de rejet doivent vivre.

L'homophobie au quotidien

L'homophobie est une réalité à laquelle la plupart des LGBTQI[12] sont confrontés au moins une fois dans leur vie. Rejet de la part de proches, d'inconnus avec ou sans agression verbale, écrite, physique, l'homophobie tue, partout dans le monde, y compris dans des pays dits démocratiques ! Chaque année dans le monde, de jeunes homos, lesbiennes ou transexuel(les) se donnent la mort parce qu'ils sont rejetés par leur entourage, parfois leurs proches, des drames qui ne devraient plus exister dans des pays qui se disent développés et tolérants.

[12] Acronyme pour Lesbienne, Gay, Bisexuel, Transgenre, Queer, Questioning et Intersex

Mais voilà, l'intolérance est une vérité au quotidien et l'homophobie est une des nombreuses discriminations contre lesquelles plusieurs groupes associatifs luttent au quotidien. Qu'il s'agisse de SOS Homophobie ou de la Fondation Émergence au Québec, des lignes d'écoutes sont disponibles pour permettre aux LGBTQI de parler, de témoigner d'expériences difficiles subies dans leur vie de tous les jours.

L'un de vos proches est (était) homophobe ? Comment le vivez-vous ? Comment l'avez-vous vécu ?

Voici vos réponses :

Fanny D. : Un de mes proches est homophobe, m'a accusée d'être le diable de ne plus faire partie de sa famille. Il m'a "maudite" et m'a hurlé que je devrais avoir honte de faire ça à ma famille. J'ai été blessée, mais après avoir laissé un peu de temps passer, je me suis rendu compte que cela venait de son âge, de la génération dans laquelle elle avait grandi et que je ne pouvais changer ce qu'elle pensait, alors après en avoir discuté longtemps avec elle, elle a finit par accepter que je pouvais vivre ma vie comme je l'entendais et qu'elle ne porterait plus de jugement du moment que je ne lui imposais pas de me voir en compagnie de ma compagne. Cela fait maintenant 10 ans et nous arrivons à nous respecter l'une l'autre et que tout ce passe bien. Je pense qu'il faut respecter les vies et les avis de chacun et tout le monde....mais ce n'est que mon point de vue.

Elia H. : Ma mère est homophobe, elle ne me parle plus. Elle n'accepte pas le fait que notre fille que j'ai portée soit également la fille de ma conjointe. Lors d'une réunion de famille, elle nous a présentées à sa belle-famille, et au moment de venir, elle l'a dit à notre fille, Malou la fille de Elia... Je l'ai reprise devant tout le monde en disant, non c'est la fille de Carole et Elia. Sa réponse fut cinglante : non il n'y a pas de lien du sang... Ce fut terminé entre nous, je ne lui pardonne pas. J'ai eu l'occasion de lui en parler, mais elle reste sur ses positions. Elle n'acceptera jamais ma femme donc ma famille je me suis construite. Ma mère fait partie de moi c'est sûr, mais c'est fini, je ne la reverrai plus. Elle aime bien mon frère converti à l'islam, mais moi non ! Donc, elle a choisi, c'est son choix. Mon choix est de vivre ma vie aussi. Voilà pour moi, c'est la personne homophobe qui m'a fait le plus de mal. Après je le vis au quotidien que ce soit au travail ou au sport, mais ce n'est pas grave je suis blindée maintenant.

Mélodie V. : En colonie de vacances, j'ai eu le cas de la fille homophobe qui m'a fait chier pendant tout le séjour. Quand elle a su que je voulais changer de chambre, elle a raconté à la chambre où la fille qui devait faire l'échange que je les matais sans arrêt, et qu'elle les prévenait pour "ne pas qu'elles aient à subir ça". De mon côté, je pense plutôt qu'elle ne voulait pas que je quitte sa chambre. Elle tirait aussi mon pyjama qui dépassait de mon lit (au-dessus du sien, évidemment) et d'autres joyeusetés. Quelques mois plus tard, elle m'invite sur Facebook. Je me demande pourquoi, j'accepte juste par curiosité... et vois qu'elle a plein de groupes LGBT, etc. Homosexuelle refoulée ou pas, amoureuse ou pas, je n'ai eu aucune envie de nouer un contact avec elle après l'enfer vécu en colo. Donc je l'ai bloquée, fin de l'histoire.

Ti Tine : De mon côté, certains membres de ma famille n'ont pas accepté mon homosexualité, mais je le tolère. Je vis avec et surtout, je ne leur donne pas le choix. J'ai assez caché mon homosexualité pendant des années. Du côté de ma compagne, là c'est une autre musique. Ses parents n'avaient pas accepté jusqu'à il y a 1 an et demi. Aujourd'hui, ça va beaucoup mieux au bout de 8 ans de vie de couple et là aussi, ma compagne ne leur a pas donné le choix. Soit ils nous voient ensemble, ou ils nous perdent. Et nous vivons pleinement notre amour malgré certaines barrières. Tant que ça ne pourrit pas notre vie. Ceux qui n'acceptent pas, nous tirons un trait sur eux. Pourquoi se prendre la tête quand on peut vivre en toute liberté aujourd'hui ?

Steph F. : Je n'ai jamais eu de souci avec l'homophobie à moins que des personnes hypocrites traînent dans mon entourage ou que des langues de p*** m'en mettent plein les oreilles derrière mon dos, mais ces gens-là je les ignore complètement, j'ai ma vie, ils ont la leur. Ça vient peut-être du fait que j'habite dans une grande ville, après tout Montpellier est une des plus grandes villes gays de France et c'est plus facile à gérer en fait. Faut dire aussi qu'avec ma chérie on est relativement discrète, on ne fréquente pas le milieu, on ne se "galoche" pas en pleine rue, on a un style plutôt hétéro, ça y fait peut-être aussi.

Chloé G. : Ma sœur est homophobe, ainsi que son mari. Elle a beau me dire qu'elle m'aime, les rares fois où nous nous voyons, elle m'ignore, et a dit à plusieurs reprises et à plusieurs personnes qu'elle ne me considérait pas comme sa sœur. Un jour, j'ai même appris par ma mère qu'elle refusait que je vienne dormir chez elle avec ma petite amie parce qu'elle craignait que je contamine son fils et sa petite fille qui venait de naître. Je n'ai jamais prêté d'attention à l'homophobie ou aux réactions de parfaits inconnus puisque l'impact n'est pas le même quand il s'agit de ta famille. En réalité, je ne lui en veux pas. Je l'aime malgré tout, c'est ma sœur, de dix ans mon aîné d'ailleurs, mais elle n'a pas la chance d'avoir assez de personnalité pour ne pas croire ce que son mari lui raconte. Je la plains plus qu'autre chose et je suis triste pour elle parce que si je suis heureuse avec ma petite amie, je sais qu'elle est malheureuse avec son mari qui, je l'ai appris également, est violent avec elle. Je pense donc qu'il faut avoir de la compassion pour les homophobes. S'ils sont méchants, insultants, ce n'est pas de leur faute, mais parce qu'eux-mêmes sont malheureux et souvent victimes de rejet ou d'autres drames dans leur propre vie.

Yhzpoe F. : Je n'ai pas affaire à une homophobie particulièrement violente dans mon entourage (considérant que les camarades au lycée ne font pas partie de mes proches), mais mon oncle a déclaré au sujet de l'appartement que ma famille se partage pour les vacances en Espagne : "Si elle et sa copine viennent, je ne viens pas", en parlant de moi. Il me parle plus froidement depuis qu'il sait que je suis en couple avec elle d'ailleurs. Une voisine qui m'a vue avec ma copine a dit à mon père, tout bas, d'un air grave : "Han, Thomas j'ai appris pour ta fille... Je suis vraiment désolée pour toi...". Il lui a ri au nez, surtout que cette femme a une fille qui a une maladie grave et qu'elle semblait presque aussi désolée pour mon "cas" que pour sa fille. Quelle ironie ! Une professeure de français au collège était gentille avec moi, jusqu'à ce que je sois "out". J'ai appris il y a peu le temps qu'elle faisait partie de la manif pour tous. C'est là que j'ai compris son changement de comportement ! Sinon la plus grosse part d'homophobie dans ma vie vient des inconnus, de l'entourage.

Élodie M. : Toute ma belle famille est homophobe et je rejoins Chloé G. dans ses explications. Du peu que je connais d'eux, ce sont des gens qui ne sont jamais sortis de leur petit village, de leur vie bien réglée. La belle-grand-mère, la belle-sœur, le beau-frère et les deux enfants vivent tous sous le même toit et c'est la grand-mère qui fait la loi chez eux. C'est culture Rugby et Football de 0 à 99 ans chaque week-end depuis que je les connais, soit environ 15 ans. Autant dire que l'ouverture d'esprit est en dessous du niveau de la mer. Alors je préfère penser comme Chloé, ce n'est pas leur faute et j'encourage ma petite femme à aller les voir régulièrement pour ne pas rompre les ponts avec eux puisque c'est précisément ce qu'elle voulait faire quand on s'est rencontré. L'idée c'est d'être plus intelligent que ces gens-là !

Micky G. Je ne suis pas homosexuelle, mais cette petite anecdote est amusante : Mon ex-secrétaire m'appelle en me disant : "Oh je suis désolée pour toi, j'ai appris que ta fille était homosexuelle, tu sais ce n'est pas grave ! Ça arrive parfois !" - Comme si c'était une maladie, comme si, surtout, je n'étais pas au courant ! Elle était vraiment navrée pour moi, pleine d'empathie. LOL, mais agaçant ! Combien de personnes ont certainement entendu cette phrase idiote : je suis désolé ! Non, mais, de quoi ? À quelle époque vivons-nous ? Et j'en viens au plus cocasse : quelques mois plus tard, j'apprends par une connaissance, que sa fille qui a le même âge que la mienne vient en vacances chez elle et lui présente une copine avec laquelle elle partage le même appartement. Petit problème : quand elle rentre dans sa chambre, elle surprend sa fille en train d'embrasser tendrement sa « copine » - du coup, je la rappelle et lui demande : alors, ces vacances ? Ta fille est venue te voir ? Elle me répond, "oui, elle m'a présenté une amie à elle, prof de gym, très sympa". Et là je lui réponds : « tu sais, ça arrive ! » je pense qu'elle a compris ! Elle n'était pas homophobe, loin de là, mais je constate qu'il y a toujours une réticence pour les gens à dire simplement : « ma fille ou ma sœur est homosexuelle » ou « mon fils est gay », et ce, malgré tous les efforts que fait notre société pour normaliser l'homosexualité, mais je préfère dire,

« l'Amour entre deux êtres » ! Peu importe le sexe !

Voila qui clôture notre petit chapitre sur l'homophobie. Il y aurait long à dire et à écrire, que ce soit en terme de témoignages ou de faits qui surviennent dans le quotidien des lesbiennes et des gays. Le but de ce guide n'étant pas principalement centré sur ce thème précis, vous trouverez davantage de renseignements ou de témoignages sur les sites spécialisés LGBT.

Ci-contre, deux lignes d'écoute à appeler si vous avez besoin de vous confier et de parler de votre expérience.

Egalement, vous pouvez témoigner dans notre forum dans la partie dédiée au "Guide de Survie" pour notre prochaine édition.

Si vous êtes en **France métropolitaine**, vous pouvez contacter la ligne d'écoute de SOS Homophobie :

Ligne d'écoute anonyme

du Lundi au Vendredi
18 h - 22 h
Samedi   14 h - 16 h
Dimanche 18 h - 20 h

Si vous êtes au **Québec**, vous pouvez contacter gaiecoute.org :

Appelez-nous
Parler, ça fait du bien.
514 866-0103 / 1 888 505-1010

Clavardage en privé   Aide par courriel   Guide de ressources LGBT   Foire aux questions   Registre des actes homophobes

Pour info : La Journée internationale contre l'homophobie et la transphobie, se tient le 17 mai de chaque année.

Conclusion de l'auteure

Même s'il n'est pas simple d'être lesbienne, de s'assumer, de vivre sa sexualité en toute liberté, toutes les lesbiennes vivent de grands bonheurs en amour, en amitié, autant que de grandes détresses. Il n'y a ni honte ni culpabilité à ressentir de l'attirance pour les femmes. Aimer une personne du même sexe n'a jamais été une tare, sauf pour les personnes à l'esprit obtus qui n'ont pas conscience que l'amour est une notion universelle et n'a ni sexe ni couleurs.

En toutes circonstances, nous devons nous rappeler que nous ne sommes pas seules et quoique nous endurions, les joies comme les peines, nous ne serons jamais les premières à les subir et à les surmonter.

Vivre et assumer d'être lesbienne, bi, trans ou gay, exige pour certaines et certains beaucoup de courage, et de grands sacrifices. Pour cette raison, je tiens à remercier toutes les personnes qui ont participé à l'élaboration de cet ouvrage, toutes celles qui se sont prêtées à mon petit jeu de questions-réponses sur mon profil Facebook, celles qui m'ont envoyé leurs témoignages, parfois en privé pour des raisons de confidentialités, et m'ont permis d'étayer plus largement les chapitres traités. Merci de m'avoir offert une vision plus étendue du monde lesbien, d'avoir partagé des bribes de vos vies, de vos ressentis, de vos expériences en tant que femmes qui aiment les femmes. Au final, ce petit guide est un peu de vous, un peu de nous, le reflet de notre façon de vivre aujourd'hui en tant que lesbienne.

Sans y mettre le mot "fin" – comme je peine à le faire dans nombre de nos romans lesbiens – ce guide s'arrête ici pour le moment. Dans l'attente d'une prochaine réédition, je vous invite à **participer à nos questions/réponses** postées dans le forum de STEDITIONS. Vous pouvez écrire – en tout anonymat si vous le souhaitez – pour nous permettre d'étayer le Guide quand le temps sera venu de le mettre à jour ou de l'augmenter.

À bientôt !

Kyrian Malone

À propos de l'auteure

Expatriée d'abord en Irlande en 2009 puis au Canada en 2012, Kyrian Malone a écrit et co-écrit avec Jamie Leigh plus d'une cinquantaine de romans et nouvelles lesbiennes de genres variés : fantastique, thriller, drame, comédie, historique, policier, romances pures.

Au fil des années Jamie et Kyrian sont devenues les auteures de romances saphiques les plus prolifiques de leur temps et ont débuté le processus de traduction en langue anglaise et espagnole. D'ores et déjà publiées et distribuées sur les plus plateformes d'édition papier et numérique telles qu'Amazon et la Fnac, Kyrian Malone gère le site STEDITIONS et a rejoint depuis janvier 2016 l'éditeur québécois "Homoromance Editions" pour aider à la promotion et à la visibilité de la littérature LGBT dans la francophonine.

Kyrian Malone signe ici son premier essai documentaire pour parler des lesbiennes et de l'amour lesbien.

Siteweb : http://steditions.com